新能源汽车

“双碳”战略下的汽车工业革命

虞忠潮　朱兴旺　李强　杨爱喜 / 著

中国经济出版社
CHINA ECONOMIC PUBLISHING HOUSE
北　京

图书在版编目（CIP）数据

新能源汽车"双碳"战略下的汽车工业革命 / 虞忠潮，朱兴旺，李强著 . -- 北京：中国经济出版社，2022.4

ISBN 978-7-5136-6871-2

Ⅰ. ①新… Ⅱ. ①虞… ②朱… ③李… Ⅲ. ①新能源 – 汽车工业 – 产业发展 – 研究 – 中国 Ⅳ. ① F426.471

中国版本图书馆 CIP 数据核字（2022）第 054243 号

责任编辑 张梦初
责任印制 巢新强
封面设计 卓义云天

出版发行 中国经济出版社
印 刷 者 北京力信诚印刷有限公司
经 销 者 各地新华书店
开　　本 710mm × 1000mm 1/16
印　　张 13
字　　数 200 千字
版　　次 2022 年 4 月第 1 版
印　　次 2022 年 4 月第 1 次
定　　价 65.00 元
广告经营许可证 京西工商广字第 8179 号

中国经济出版社 **网址** www.economyph.com **社址** 北京市东城区安定门外大街 58 号 **邮编** 100011

本版图书如存在印装质量问题，请与本社销售中心联系调换（联系电话：010-57512564）

前　言

目前，全球气候变暖已经成为全人类面临的重大问题。为了应对气候变化，2015年12月，《联合国气候变化框架公约》近200个缔约方在巴黎气候变化大会上达成了《巴黎协定》，确定了“将21世纪全球平均气温上升幅度控制在2摄氏度以内，并将全球气温上升控制在前工业化时期水平之上1.5摄氏度以内”的目标。2020年9月22日，习近平主席在第七十五届联合国大会上宣布“中国力争在2030年之前实现碳达峰，在2060年前实现碳中和”。2021年，“碳达峰”“碳中和”写入《政府工作报告》，再次引起广泛关注。

我国是碳排放大国，在我国的碳排放结构中，交通运输行业的碳排放占比极大，超过了10%，而交通运输行业的碳排放主要来源于汽车。近年来，随着人们生活水平不断提升，我国的汽车保有量逐年攀升。公安部发布的最新统计数据显示，2021年全国机动车保有量3.95亿辆，其中汽车3.02亿辆。汽车在方便人们出行的同时也带来了严重的环境污染问题。根据中汽中心测算，汽车的碳排放占到了我国交通碳排放的80%以上，占全社会碳排放的7.5%左右，而二氧化碳是导致全球气候变暖的罪魁祸首。应对气候变暖，控制地球升温，必然要控制碳排放。为此，很多国家发布了碳减排政策及燃油车禁售计划，汽车电动化就是一项重要措施，大力发展新能源汽车成为大势所趋。

新能源汽车指的是采用非常规的车用燃料作为动力来源（或使用常规的车

用燃料、采用新型车载动力装置）的汽车，其分为四大类型，分别是混合动力电动汽车（HEV）、纯电动汽车（BEV，包括太阳能汽车）、燃料电池电动汽车（FCEV）、其他新能源（如超级电容器、飞轮等高效储能器）汽车。这里所说的非常规车用燃料指的是除石油以外的电能、氢能等燃料。相较于传统燃油车，新能源汽车的主要优点是低能耗、轻污染，可以有效应对能源紧缺、环境污染等问题。

其实，除了节能环保、减少碳排放之外，发展新能源汽车还有两大好处。

第一，在新一轮科技革命与产业变革的背景下，新能源汽车可以融合新能源、新材料、互联网、大数据、人工智能等多种新技术，朝着电动化、网联化、智能化的方向快速发展，从单纯的交通工具转变为移动智能终端、储能单元和数字空间，带动能源、交通、信息通信基础设施建设等行业同步发展，优化能源消费结构，提高整个交通体系的智能化水平，对智慧城市建设产生积极的推动作用。近年来，美国、德国、日本、韩国等汽车大国纷纷加强了在新能源汽车领域的布局。在政策的支持下，大型跨国汽车企业开始加大对新能源汽车的研发投入，不断完善产业布局，将新能源汽车打造成全球汽车产业转型升级的新方向，甚至将其打造成促进世界经济恢复发展的新引擎。

第二，随着汽车动力来源、生产运行方式、消费模式不断变革，新能源汽车产业逐渐形成了汽车、能源、交通、信息通信等多行业多主体相互赋能、共同发展的生态格局，跨领域合作与创新成为新的时代特征。在这种背景下，新能源汽车产业获得了强劲的发展动力，进而激发了整个市场的活力，形成了互融共生、合作共赢的产业发展新格局。

由此可见，对于我国来说，大力发展新能源汽车产业是应对气候变化，推动绿色发展，迈向汽车强国的必经之路。为了鼓励新能源汽车发展，我国出台了一系列政策。早在2012年，国务院就发布了《节能与新能源汽车产业发展规划

（2012—2020年）》，推动我国新能源汽车产业发展取得了巨大成就。2020年11月，国务院办公厅印发《新能源汽车产业发展规划（2021—2035年）》，对未来15年的新能源汽车产业的发展做出了规划，以期推动我国新能源汽车产业实现高质量发展，全面推进汽车强国建设。

在政策的支持、企业的努力下，我国新能源汽车销量连续六年保持全球领先，新能源汽车的市场渗透率也从2020年的5.8%提高到了2021年的17.8%，发展势头十分强劲。根据中国汽车工业协会预测，2022年，我国新能源汽车销量有望达到500万辆，增长速度有望达到47%。可见，我国新能源汽车市场前景依然广阔。凭借新能源汽车，我国汽车产业有望改写全球汽车产业格局，完成从“汽车大国”向“汽车强国”的进化。

《新能源汽车：“双碳”战略下的汽车工业革命》一书立足于“碳达峰”“碳中和”战略，从新能源革命、新能源汽车市场的现状与未来、我国新能源汽车的实现路径、三类新能源汽车（纯电动汽车、混合动力汽车、燃料电池汽车）的技术路线以及新能源汽车涉及的各项关键技术切入，对“双碳”目标下我国新能源汽车的发展路径及市场前景进行全方位、立体化剖析，对整车控制器、电子制动系统、电机驱动系统的关键技术、电池管理系统的技术架构、充电系统的关键技术、新能源汽车充电桩的商业模式等内容进行深入阐述，内容丰富翔实，虽然涉及很多技术领域的概念与内容，但用通俗易懂的语言进行阐述，并辅之以图表和案例，极大地降低了理解难度，不仅适合新能源汽车领域的研究者、相关企业的管理者、高校相关专业的师生阅读，也适合对新能源汽车感兴趣的普通读者翻阅。

目　录

第1章

新能源汽车：引领全球汽车工业变革

1.1　新能源汽车：科技驱动的新工业时代

1.1.1　智能网联时代的来临

我国新能源汽车产业开始于2012年，到2020年新能源汽车的销量在汽车总销量中的占比增长至5%。根据国家发展规划，到2025年，我国新能源汽车销量占比将达到20%，也就是说，2021—2025年，新能源汽车渗透率的复合增长速度将达到32%，这也标志着我国新能源汽车行业将从萌芽期迈向成长期。

为推动新能源汽车产业更好地发展，国务院办公厅于2020年11月2日发布了《新能源汽车产业发展规划（2021—2035年）》（以下简称《规划》），从多个维度对新能源汽车未来15年的发展做出了规划，包括网联化智能化发展方向、新能源汽车渗透率以及公共领域电动化等。《规划》强调，到2025年，我国新能源汽车新车销售量在汽车新车销售总量中的占比将达到20%；到2035年，纯电动汽车销量在新车总销量中的占比将达到50%。

据此可以推算，2025年，我国新能源汽车销量大约为600万辆；2035年，我国新能源汽车销量大约为1750万辆。2021—2025年，我国新能源汽车的年均复合增长率预计为34.42%；2026—2035年，我国新能源汽车的年均复合增长率可能达到11.3%。

◆新能源汽车的概念与主要类型

新能源汽车指的是用非常规的车用燃料作为动力来源，或者使用常规的车用燃料，但采用新型车载动力装置，利用先进的动力控制技术和驱动技术，拥有新技术、新结构的一种汽车。其中，非常规车用燃料指的是天然气、液化石油气、乙醇汽油、甲醇、二甲醚等除汽油、柴油之外的燃料。具体来看，新能源汽车主要包括纯电动汽车、混合动力汽车、燃料电池汽车三种类型，如表1-1所示。

表1-1　新能源汽车的主要类型

主要类型	特征/区别
纯电动汽车	纯电动汽车的结构比较简单，由电池供电，电机驱动
混合动力汽车	别名油电混动汽车，仍以汽车为燃料，无法充电，采用发动机和电动机协同驱动的方式，以丰田THS、本田IMMD和日产e-POWER等车型为代表
燃料电池汽车	一般指氢燃料电池车，氢气与氧气在燃料电池堆发生化学反应释放电能，但因为燃料电池堆的输出功率相对较低，应用于汽车需要配备一块锂电池，二者相互配合进行充放电

在新一轮科技革命与产业变革的带动下，能源、交通、信息通信等领域的新兴技术在汽车行业深入应用，促使整个行业呈现出电动化、智能化、网联化的发展趋势。新能源汽车集成了很多先进技术，包括新能源、新材料和互联网、大数据、人工智能等，功能越发多元化，不再只是单纯的交通工具，逐渐拥有移动智能终端、储能单元、数字空间等多种身份，带动能源、交通、信息通信基础设施改造升级，促进能源消费结构优化，提高整个交通体系的智能化水平。

《规划》明确提出要推动汽车实现电动化、网联化、智能化发展，尤其是网联化、智能化，强调赋予新能源汽车更多功能，推动新能源汽车从“从单纯交通工具向移动智能终端、储能单元和数字空间转变”。

◆智能网联汽车时代的来临

现阶段，智能网联汽车的发展刚刚起步，自动驾驶技术只能在换道辅助、全自动泊车、抬头显示、远程控制等特定场景中应用。按照《规划》内容，从2025年开始，智能网联汽车将进入快速发展阶段，届时，自动驾驶的应用场景将不断拓展，高速公路自动驾驶、协同式队列行驶的自动驾驶、车群自组网通信、车车社交等有望成为现实。2035年之后，智能网联汽车将进入成熟期，真正实现车路协同。

在智能网联汽车的整个发展过程中，要解决几个核心技术难题，包括自动驾驶的芯片、自动驾驶软件L5研发升级、高精地图、5G通信协议等。智能网联的发展阶段如图1-1所示。

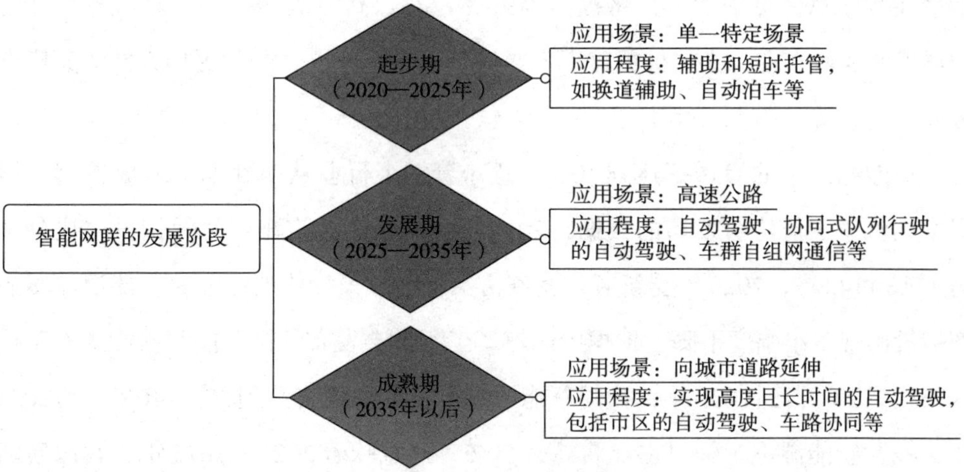

图1-1　智能网联的发展阶段

传统燃油车的结构是机械与液压相结合，电动汽车的结构更简单，核心部件是由动力电池组、电机和发动机管理系统组成的三电系统。电力控制的电机只需要简单改造就可以与电子控制单元相结合，满足自动驾驶技术控制车辆的要求。但纯机械结构的发电机很难被人工智能控制，可靠性、精准度、响应速度都无法满足自动驾驶要求。

为了解决这一问题，研发人员需要研制一款新的操控装置，其复杂程度远远高于电动汽车。另外，对于燃油车来说，发动机和变速箱等动力总成结构是其成本的主要来源；对于新能源汽车来说，三电系统电控电驱电池是其成本的主要来源。两相比较，新能源汽车的成本更容易控制。

1.1.2 政策红利下的汽车革命

到2025年，我国新能源汽车将在动力电池、驱动电机、车用操作系统等关键技术领域取得重大突破，全面提高车辆的安全水平，提高行业竞争力。具体到各项数据，即纯电动汽车的平均耗电量将降至12.0千瓦时/百公里，新能源汽车销量在汽车总销量中的占比将提高到20%左右，高等级的自动驾驶可以在特定的场景或区域实现，充电桩覆盖率大幅提升，人们可以享受到更加方便的充换电服务。

新能源汽车的渗透率达到20%，意味着整个行业从萌芽期进入成长期。根据中国汽车工业协会发布的数据，2019年我国新能源汽车产量及销量占比分别为4.9%和4.8%，2020年受新冠肺炎疫情及补贴政策变化的影响，新能源汽车的产销量出现了小幅度下降。根据中国汽车工程学会发布的《节能与新能源汽车技术路线图2.0》，到2030年，我国新能源汽车销量占比将达到30%~40%；到2035年，我国新能源汽车销量占比将超过50%。这意味着2021—2025年，我国新能源汽车渗透率将以32%的速度增长。如果能达到这一目标，就表示新能源汽车的发展从萌芽期进入成长期。

新能源汽车补充能源问题将得以解决，补能将变得更加便利。从2019年下半年开始，我国取消了很多对新能源汽车的补贴政策，导致新能源汽车的销量下降，整车销售价格偏高，再加上充电效率较低，自由停车位不足，电网配合扩容难度较大等因素，导致充电桩建设进度缓慢，无法解决纯电动汽车充电难题。针对这一问题，《规划》提出了“充换电服务便利性显著提高”这一目标，为新能源汽车补能体系建设指明了方向。

政府关于新能源汽车的税收优惠政策要尽快落地，同时要不断完善金融服务，为消费者购车提供支持。为了满足新能源汽车的充电需求，政府要加快充换电、加氢等基础设施布局，积极推进公共充电桩建设，建立统一开放的市场体系，加大对公共服务、共享出行等领域车辆运营的支持力度，围绕新能源汽车的停车、充电出台更多优惠政策。

《规划》明确提出：2021年起，在国家生态文明试验区、大气污染防治重点区域，如果要更换或者新增公交车、出租车、物流配送车辆等，新能源汽车的占比不能低于80%。为了鼓励国有企业大力发展新能源汽车，《规划》针对“如何将新能源汽车研发投入纳入国有企业考核体系”制定了具体办法，不断完善适用于智能网联汽车的政策法规，围绕“动力电池的回收与利用”出台了更多法律法规。

《规划》不断加大对公共服务、共享出行等领域车辆运营的支持力度，为新能源汽车停车、充电提供更多优惠，并延续《打赢蓝天保卫战三年行动计划》中的目标，规定“2021年起重点区域公共领域新能源汽车目标使用比例不低于80%”，为公共领域的电动化提供更多支持。

通过车电分离推动运营电动化。车电分离体系主要包括三部分，分别是整车、换电站和电池资产管理。车电分离体系的搭建需要产业链上的不同公司合作完成，例如，宁德时代与蔚来合作致力于电池资产管理，奥动新能源与北汽合作深耕换电市场。目前，车电分离体系主要分为两部分，一是车企，二是独立运营商，新兴车企主要在私家车领域深耕，北汽蓝谷和吉利汽车等独立运营商主要专注于运营车市场，对运营市场电动化产生了强有力的推动作用。

1.1.3 新能源汽车VS传统燃油车

下面我们从碳排放、其他污染物排放、续航里程、加油/充电时间、购车成本、使用成本、安全性、政策支持力度等八个维度对燃油车和不同类型的新能源汽车进行对比分析。

◆碳排放

纯电动车以电能为动力，燃料电池车以氢气为燃料，碳排放可以忽略不计；插电式混合动力车和增程式电动车采用电能与汽油混动，碳排放量居中；传统燃油车和 LNG/CNG 车以汽油与天然气为燃料，碳排放量较大；混合动力车以汽油为燃料，但相较于传统燃油车来说，汽油用量相对较少，碳排放量相对较低。

◆其他污染物排放

传统燃油车和混合动力车使用汽油、柴油，会排放二氧化碳、一氧化碳、碳氢化合物、氮氧化物、硫氧化物、铅化合物等有害气体；插电式混合动力车和增程式电动车使用电能与汽油或柴油混动，排放的污染物中等；LNG/CNG车以天然气为燃料，燃烧后只排放一氧化碳；纯电动车和燃料电池车除二氧化碳外不排放其他污染物。

◆续航里程

传统燃油车加满油后的行驶里程为500~1000 公里，因为沿途加油站比较多，在油箱发出警报后能够轻易找到加油站，续航问题比较小；插电式混合动力车在纯电模式下的行驶里程为50~120 公里，燃油模式下的续航里程与燃油车相似；燃料电池车加满燃料后的行驶里程大约为1000 公里，但加氢站数量稀少，在行驶过程中不方便加注氢燃料；纯电动车充满电后的行驶里程为400~600 公里，但受行驶条件限制，实际行驶里程往往要小于这个数字。

◆加油/充电时间

传统燃油车和燃料电池车的加油时间只需要数分钟，纯电动车充电至少需要1小时，甚至长达十几个小时。

◆购车成本

纯电动车补贴后的价格大约为20万元，至于燃料电池车，全球首款氢燃料电池车——丰田 Mirai的售价大约为46万元。

◆使用成本

在燃料费用方面，纯电动车每公里大约需要0.075元，燃料电池车与传统燃油车每公里大约需要0.6 元；在维护成本方面，纯电动车无须配备离合器、变速箱等复杂传动机构，维护成本较低，燃料电池车配备的燃料电池堆造价高昂，需要使用铂金作为催化剂，维护成本较高。

◆安全性

传统燃油车的技术比较成熟，自燃事故发生率较低；纯电动车中三元锂电池热失控温度较低，容易发生自燃事故，磷酸铁锂电池热失控温度较高，相对比较安全；燃料电池车以氢气为燃料，虽然采取了多种措施防止储气罐爆炸，但氢逃逸问题依然无法解决，因此燃料电池车不适合在室内停车场停放，至于能否进入隧道，还有待研究讨论。

◆政策支持力度

为了实现节能减排，政府不断提高传统燃油车的排放标准，甚至有部分省份出台了禁售传统燃油车的政策。而在新能源汽车领域，政府为纯电动车、燃料电池车发放补贴。

综上所述，纯电动车和燃料电池车各有优势与劣势。纯电动车的优势在于实现了二氧化碳零排放，而且结构简单，维护方便，使用成本较低；劣势在于续航里程短，充电时间长，驾驶体验不佳。另外，目前电动车使用的三元锂电池单体电池的能量密度达 302Wh/kg，系统能量密度突破 200Wh/kg，接近液态电池能量密度的极限，进一步提高会增加车辆自燃的风险。

燃料电池车的优点在于零污染、续航里程长、加注燃料的时间短，缺点在于相关技术不成熟，单车售价相对较高，加氢站建设成本高，国内加氢站数量较少，在行驶过程中不方便补充燃料，并且氢逃逸问题目前无法解决，存在燃爆风险，所以无法在室内停车场停放。

纯电动车和燃料电池车的优缺点在很大程度上决定了其未来的应用场景。纯电动车适合市内短途通勤，燃料电池车适合线路固定的长途运输。因此，纯电动车和燃料电池车不存在直接的竞争关系，未来，二者可能在新能源汽车市场上共同占据主导地位。

1.1.4 新能源汽车的三大核心技术

新能源汽车有三大核心技术，分别是整车控制器（Vehicle Control Unit，VCU）、电机控制器（Moter Control Unit，MCU）、电池管理系统（Battery Management System，BMS），对整个车辆的动力性、经济性、安全性、可靠性有着至关重要的影响。

◆整车控制器（VCU）

作为整车控制决策的核心电子控制单元，VCU是新能源汽车的必备装置。VCU通过对油门踏板、挡位、刹车踏板等信号进行采集分析，对驾驶员的驾驶意图进行判断，对车辆的行驶信息进行监测，在对信息进行处理后，向车辆的动力系统、动力电池系统发出指令，对车辆的运行状态进行控制。具体来看，VCU有两大功能，一是整车系统故障诊断，二是存储功能。

VCU主要由外壳、硬件电路、底层软件和应用层软件组成，硬件电路、底层软件和应用层软件发挥着重要作用。

VCU硬件采用标准化的核心模块电路和VCU专用电路，前者主要由32位主处理器、电源、存储器、控制器局域网络（Controller Area Network，CAN）构成。其中，核心模块电路可以在MCU和BMS上移植应用，平台化硬件的可移植性与扩展性都比较好。

随着汽车级处理器技术不断发展，VCU芯片逐渐从16位向32位过渡，32位芯片逐渐成为主流。底层软件以AUTOSAR汽车软件开放式系统架构为标准，达到电子控制单元开发公共平台的目标，可以为新能源汽车提供不同的控制系统。模块化软件组件的主要目标是实现软件复用，可以提高软件质量，缩短软件的开发周期。在应用层，驾驶员转矩解析、换挡规律、模式切换、转矩分配和故障诊断策略是关键，会直接影响汽车的动力、运行的稳定性以及使用的经济性。

世界主流VCU供应商的技术参数如表1–2所示。

表1–2　世界主流VCU供应商的技术参数

	国外主流厂商1	国外主流厂商2
尺寸（mm）	185×127×65	220×170×45
CPU架构	Freescale 32位（MPC5642），单核120MHz+Delphi ASIL C	Freescale 32位（MPC5644），单核120MHz+ Freescale 8位（S9S08DZ60）
软件架构	参考AutoSAR	非AutoSAR
通信方式	CAN、LIN、SPI、FlexRay	CAN、LIN、SPI
工作电压	10~16V（不兼容24V系统）	9~16V（不兼容24V系统）
功能安全	可以通过扩展相关芯片满足ISO26262 ASIL C	符合ISO26262 ASIL C

◆电池管理系统（BMS）

电池包为新能源汽车提供源源不断的能量，驱动车辆行驶。电池包主体主要由金属材质的壳体包络构成，模块化的结构设计可以实现电芯集成，过热管理设计与仿真可以提高电池包热管理性能，电器部件及线束支持控制系统可以保障电池安全。BMS可以对电芯进行有效管理，开展整车通信，实现信息交换。

电池包主要由电芯、模块、电气系统、热管理系统、箱体和BMS组成，其中BMS的主要功能是提高电池的利用率，防止电池出现过度充放电现象，延长电池的使用寿命，对电池的运行状态进行实时监控。

在电池包的各个组成部件中，BMS属于核心零部件，由三大核心部分组成，分别是硬件电路、底层软件和应用层软件。其中，硬件电路主要由主板和从板组成，从板安装在模组内部，可以用来对单体电压、电流进行检测，使电压、电流达到均衡；主板的安装位置不限，主要用来对继电器进行控制，预测荷电状态值，实现电气伤害保护。

BMU（电池管理单元）硬件可以对电池的电压、温度进行测量，而且可以借助可靠性较高的数据传输通道向BCU（Battery Control Unit，电池组控制单元）模块传输数据与指令。BCU可以使用32位微处理器采集总电压，开展绝缘检测与状态监测，实现继电器驱动。

底层软件架构要符合AUTOSAR标准，通过模块化开发实现移植与扩展，促使开发效率不断提高。应用层软件主要由电池保护、电气伤害保护、故障诊断管理、热管理、继电器控制、从板控制、均衡控制、荷电状态（State of Charge，SOC）估计和通信管理等模块构成，具体架构如图1-2所示。

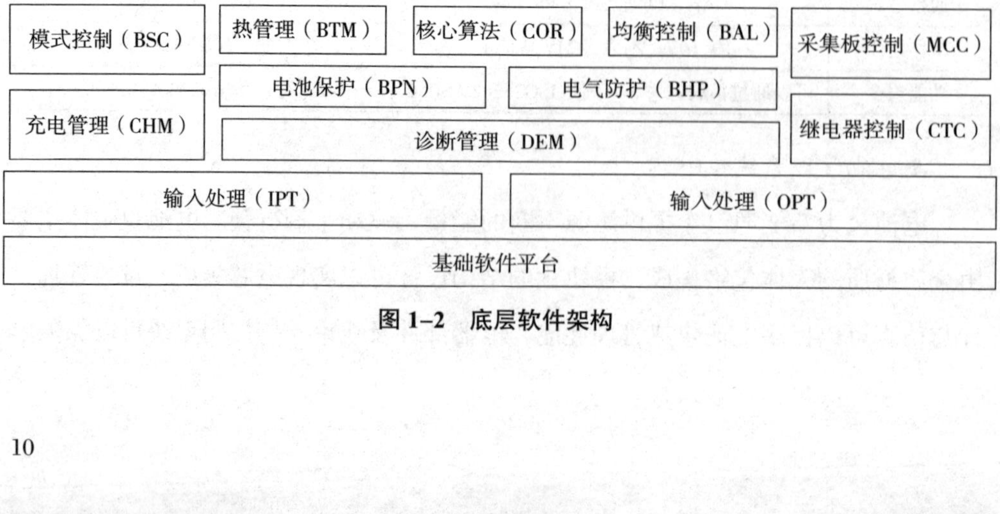

图1-2　底层软件架构

目前，国内外主流BMS供应商的技术参数如表1–3所示，可以从中窥见BMS的发展动态。

表1–3 国内外主流BMS供应商的技术参数

	国外主流厂商	国内主流厂商
配套方案	主从结构	主从结构
温度范围	–40℃~80℃	–40℃~85℃
技术指标	电压测量精度：0.1%FS 电流测量精度：0.1%FS 电流测量范围：0~600A SOC估算精度：5% 均衡方式：主动平衡	电压测量精度：0.5%FS 电流测量精度：0.5%FS 温度测量范围：–40℃~125℃ 温度测量范围：0.5℃ SOC测量精度：5% 均衡方式：被动平衡
车型应用范围	纯电动车、混合动力车	纯电动车、混合动力车
功能安全	电池过充、过放，温升保护，绝缘防护，高压互锁，预充电	电池过充、过放，温升保护，绝缘防护
适用电芯范围	锰酸锂、三元材料	铅酸电池、镍氢电池、锂电池等动力电池

◆电机控制器（MCU）

MCU是核心功率电子单元，可以接收VCU车辆行驶控制指令，对电动机进行控制，让电动机输出指定的扭矩和转速，为车辆行驶提供源源不断的动力。MCU还可以将电池的直流电转化为高压交流电，驱动电机输出机械能。

MCU主要包括外壳及冷却系统、功率电子单元、控制电路、底层软件和控制算法软件。

MCU硬件电路采用的是模块化、平台化设计，功率驱动部分采用的是多重诊断保护功能电路设计，功率回路部分采用的是汽车级IGBT模块并联技术、定制母线电容和集成母排设计，结构部分采用的是高防护等级、集成一体化液冷设计。

MCU底层软件以AUTOSAR开放式系统架构为标准，按照功能设计可以分为状态控制、矢量算法、需求转矩计算和诊断四个模块，其中矢量算法模块可以分为两部分，一是MTPA（最大转矩电流比）控制，二是弱磁控制。

目前，世界主流的MCU硬件供应商的技术参数如表1–4所示。

表1–4 世界主流的MCU硬件供应商的技术参数

	国外主流厂商1	国外主流厂商2
尺寸（mm）	475×245×108	411×454×183
峰值功率	180kVA	320kVA
峰值输出电流	320A	450A
主处理器	TMS320F28335	Infineon
防护等级	IP67	IP69
通信方式	CAN	CAN
转矩和转速响应时间，转矩和转速控制精度	满足整车控制要求	满足整车控制要求

1.1.5 5G、自动驾驶与新能源汽车

目前，按照美国汽车工程师学会（Society of Automotive Engineers，SAE）的划分方法，自动驾驶可以分为L0~L5六个等级，其中L0代表人类驾驶，L1~L5代表自动驾驶的不同成熟度，具体分析如下。

L0级别：完全由驾驶员操作，汽车按照驾驶员的命令执行各种操作。

L1级别：可以辅助驾驶员执行各种驾驶任务。例如，很多车辆配置了自适应巡航系统、雷达等，可以辅助驾驶员控制车距，执行加减速等操作。

L2级别：可以自动完成一些驾驶任务，调整车辆行驶状态。例如，特斯拉不仅可以控制车辆加减速，而且可以控制方向盘。但在这个过程中，驾驶员需要

观察周围的环境，随时进行操作，保证车辆安全。

L3 级别：可以利用行车电脑控制车辆，支持车辆在特定的环境中独立驾驶，将驾驶人员的手脚解放出来，但驾驶人员不能休息或者睡觉。因为在行车电脑无法做出准确判断时，驾驶人员需要主动干预。

L4 级别：车辆可以自主决策，根据实时更新的道路信息实现自动取车还车、自动编队巡航、自动避障等，无须驾驶人员干涉。

L5 级别：L5 级别的车辆可以做到完全自动驾驶，游刃有余地应对气候、环境、地理位置的变化，不需要驾驶人员做出任何干预，将驾驶人员彻底解放出来。如表 1–5 所示。

表 1–5　自动驾驶等级及应用场景

<table>
<tr><th>自动驾驶分级</th><th>名称</th><th>定义</th><th>驾驶操作</th><th>周边监控</th><th>接管</th><th>应用场景</th></tr>
<tr><td>L0</td><td>人工驾驶</td><td>人类驾驶员全权驾驶</td><td>人</td><td>人</td><td>人</td><td></td></tr>
<tr><td>L1</td><td>辅助驾驶</td><td>车辆完成方向盘与加减速中的一项操作，人类驾驶员负责其余驾驶动作</td><td>人和车</td><td>人</td><td>人</td><td rowspan="4">限定场景</td></tr>
<tr><td>L2</td><td>部分自动驾驶</td><td>车辆完成方向盘和加减速中的多项操作，人类驾驶员负责其余驾驶动作</td><td>车</td><td>人</td><td>人</td></tr>
<tr><td>L3</td><td>有条件自动驾驶</td><td>由车辆完成绝大部分驾驶操作，人类驾驶员需要保持注意力集中以备不时之需</td><td>车</td><td>车</td><td>人</td></tr>
<tr><td>L4</td><td>高度自动驾驶</td><td>由车辆完成所有驾驶操作，人类驾驶员无须保持注意力，但对道路和行驶环境有要求</td><td>车</td><td>车</td><td>车</td></tr>
<tr><td>L5</td><td>完全自动驾驶</td><td>由车辆完成所有操作，人类驾驶员无须保持注意力集中</td><td>车</td><td>车</td><td>车</td><td>所有场景</td></tr>
</table>

在 SAE 的分级体系中，L0~L2 为低等级的自动驾驶，L3~L5 是高等级的自动驾驶。想要实现从 L2 到 L3 的跨越，关键就是要让系统取代驾驶员成为环境监控

主体。高级自动驾驶有一个很重要的标志，就是自动驾驶系统能够自主探查并分析周围的环境状况，连续不断地获取周围的环境信息，并根据收集到的信息对驾驶环境的安全性进行判定。

因此，虽然自动驾驶汽车搭载的系统具备夜视、交通识别等功能，但无法作为环境监控主体。为了向L3迈进，L2 自动驾驶系统需要在摄像头与雷达外添加高精度地图作为辅助。只有高精度地图、高精度雷达与智能摄像头相结合，三者互为补益，才能实现全场景超强感知，在极端环境下也能很好地对环境进行监控。

目前，市场上还没有出现L3 级别的自动驾驶汽车，除了技术限制外，还有交通法规的限制。按照我国自动驾驶汽车发展的相关规划，到2025年，我国要实现L3 级别的自动驾驶汽车的普及，L4 级别自动驾驶汽车的规模化应用。这表示，继2021年开放L3 级别自动驾驶的路权之后，我国将在2025年开放L4 级别自动驾驶的路权。或许到2030年，L5 级别的自动驾驶汽车就可以实现广泛应用。

◆ 5G赋能新能源汽车产业变革

随着信息技术不断发展，进入5G网络时代之后，信息传播速度大幅提升，将对生产、生活产生巨大的颠覆。自2019年发放5G牌照起，我国就进入了5G大规模商用阶段，开始向各行各业渗透。除推动通信技术变革外，5G技术的渗透应用将给新能源汽车产业带来重大影响，这种影响主要表现在以下三个方面，如图1–3所示。

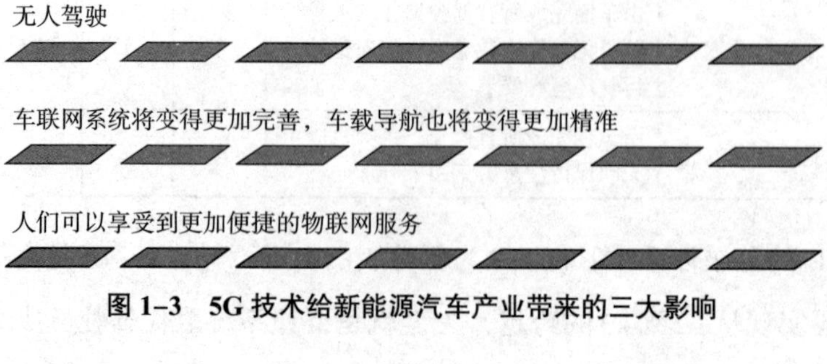

图 1–3　5G 技术给新能源汽车产业带来的三大影响

（1）无人驾驶。进入5G时代之后，数据传输速度更快，精准度更高，可以帮助无人驾驶汽车在行驶过程中对复杂的路况做出准确判断，从而实现高级别的自动驾驶。过去，为了实现无人驾驶，研发人员主要聚焦两个问题，一是传感器的应用，二是外部信息的采集，但这两个问题的解决只能帮助车辆在一定范围内了解路况，而且要面临采集延时、信息精准度不高等问题。但在5G技术的支持下，研发人员可以建立一个完整的监控体系，提高汽车面对危险情况时的响应速度，利用大数据技术为汽车安全运行提供强有力的保障。

（2）随着5G技术在新能源汽车行业的深入应用，车联网系统将变得更加完善，车载导航也将变得更加精准。国家智能网联汽车质量监督检验中心曾开展过一系列5G高精度定位实验，结果表明在5G网络环境中，汽车导航定位的精准度可以达到1.5厘米左右，超乎想象。

（3）在5G网络环境下，人们可以享受到更加便捷的物联网服务，包括手机与汽车互联、汽车与家互联等。在物联网的支持下，汽车智能化、自动化的级别将不断升高，驾乘人员可以听音乐、上网、查找信息，甚至还能对车辆进行远程控制。

当然，5G给新能源汽车行业带来的影响还有很多。虽然目前5G技术还没有实现大规模商用，但它为新能源汽车的发展提供了新思路、新选择。

1.2　“双碳”目标：国家战略下的新能源革命

1.2.1　“双碳”目标下的新能源汽车

根据国家能源局发布的最新数据，截至2021年10月底，我国可再生能源发电累计装机容量达到了10.02亿千瓦，占全国发电总装机容量的比重达到43.5%，比2015年底提高10.2个百分点。水电、风电、太阳能发电和生物质发电装机容量分别达到3.85亿千瓦、2.99亿千瓦、2.82亿千瓦和3534万千瓦，均稳居世界第一。如此大规模的装机量建立在巨额投资之上。据统计，2010年至今，中国在新能源发电领域的投资总和已经超过了8180亿美元，在同期全球新能源发电领域的投资占比超过了30%。

在第七十五届联合国大会上，习近平主席表示中国将在2030年实现碳达峰，2060年实现碳中和，并对这两个目标做了详细阐述：“到2030年，中国单位国内生产总值二氧化碳排放比2005年下降65%以上，非化石能源占一次能源消费比重达到25%左右，森林蓄积量比2005年增加60亿立方米，风电、太阳能发电总装机容量达到12亿千瓦以上。”

为了如期完成碳达峰、碳中和目标，中国必须多管齐下，减少煤炭、石油等化石能源的使用，提高能源利用率，大力发展太阳能、风能等清洁能源，大规模植树造林。相较于已经结束化石能源大规模使用阶段的欧美发达国家来说，煤炭、石油在我国能源结构中占比较大，我国碳排放量也高居世界第一。因此，对我国来说，如期实现碳达峰、碳中和是一项艰巨任务。在众多产业中，新能源汽车的推广应用将对碳中和的实现产生重要作用。

新能源汽车产业的发展可以带动整个产业链进步，实现节能减排，对碳中和、碳达峰的实现产生积极的推动作用。为实现“双碳”目标，国内多家汽车集团发布了政策文件。

2021年4月，在第十九届上海国际汽车工业展览会上，广汽集团面向“双碳”目标发布了“GLASS绿净计划”。2021年11月19日，在第十九届广州国际汽车展览会上，广汽集团发布了多款新车型，这些车型紧扣碳达峰、碳中和目标。

2021年11月8日，吉利集团旗下的新能源商用车品牌远程汽车发布“1233”战略，致力于“重构产业生态，创领零碳陆运”，这一战略的发布标志着吉利汽车开始同时推行乘用车新能源化与商用车新能源化。在发布“1233”战略的同时，远程汽车推出了新一代新能源智能豪华重卡——远程星瀚H，表示要从底层逻辑切入重新定义商用车，将智慧运力平台和绿色能源补给网串连在一起，为“零碳陆运”的实现提供强有力的支撑。

此外，大众汽车、上汽集团、江淮汽车也开始积极布局新能源汽车。随着国家关于碳减排政策的不断发布，在汽车企业的努力下，新能源汽车的渗透率将大幅提升，将推动绿色低碳技术与智能新技术广泛应用，推动新能源汽车产业实现高质量发展，满足企业生产需求，实现低碳减排目标。

目前，从全球视角看，我国可再生能源开发利用规模连续多年保持在第一位，为能源低碳转型，能源消费结构低碳化、清洁化提供了强有力的支持，对低碳交通运输体系建设产生了积极的推动作用，为节能低碳型交通工具的推广应用奠定了强有力的基础。

此外，随着各项技术不断发展，未来汽车有可能演变为一种智能终端，实现更高级别的自动驾驶，通过不断丰富的人机交互功能满足车主及乘客的个性化需求。5G网络技术以及车用无线通信技术可以让车辆与车辆、车辆与城市基础设施、车辆与云端交互，为智慧城市建设奠定良好的基础。

1.2.2 抢占未来全球战略制高点

根据可持续发展战略以及碳中和发展战略，传统燃油汽车必将被新能源汽车所取代。近几年，中国、美国、日本、德国、英国、法国等国家都在新能源汽车领域积极布局，促使新能源汽车的发展取得了一定的成果。

石油被称为“工业的血液”，是燃油汽车最主要的燃料来源，储量有限，而且不可再生。根据英国石油公司（BP）发布的2020年版《世界能源统计年鉴》，截至2019年底，全球石油探明资源储量为17339亿桶，2446亿吨。根据美国《油气杂志》公布的数据，2020年全球石油储量较2019年上升2.6%，为17790亿桶。

2013年，全球原油消耗量为235亿桶，如果换算为日消耗量就是6500万桶。2015年，原油的消耗量比探明储量高出了70%以上，2019年达到了80%。2016年，原油新增探明储量只有42亿桶，达到了1947年以来的最低值。2019年常规石油探明储量为47亿桶，只比2016年高出5亿桶。2013—2019年，年均原油新增探明储量只有60亿桶。

假设，未来年均原油新增探明储量保持在60亿桶，年均消耗量保持在235亿桶，地球现有的石油资源只能维持不到100年。鉴于此，近年来，世界各国都在设法寻找石油的替代资源，减少石油消耗。在国内现有的石油提取方式下，中石油可以利用1吨原油提炼出0.695吨成品油，包括0.283吨汽油、0.335吨柴油和0.077吨煤油。也就是说，在1吨原油中，大约70%都会用于成品油燃料的生产。如果大力发展新能源汽车，减少传统燃油汽车的数量，就可以大幅减少成品油消耗，进而减少原油消耗。

◆新能源汽车是实现"碳中和"和"碳达峰"的重要抓手

假设一辆排量为1.6L的轿车一年行驶1万公里，按照汽油使用量1000升来计算，每年的碳排放大约为2.7吨。1亩人工林1年大约可以吸收1.83吨二氧化碳，如果要抵消这2.7吨二氧化碳，需要1.5亩人工林。

在我国的碳排放结构中，汽车行业的碳排放占比大约为16%。纯电动汽车依靠电力驱动。石油属于一次能源，电力属于二次能源。虽然目前我国的电力依然以煤电为主，但随着相关技术的不断进步，风能、太阳能等清洁可再生能源发电将成为主流，可以大大减少碳排放。即便我国的电力结构不变，依然是70%的火电，纯电动汽车产生的碳排放也要比燃油车少很多。

截至2020年底，我国新能源汽车保有量达到了492万辆，相较于2019年增加了111万辆，增长率达到了29.18%。其中，纯电动汽车保有量400万辆，在新能源汽车总量中的占比大约为81.32%。假设到2030年，纯电动汽车的保有量在所有汽车保有量中的占比达到10%，就能使整个汽车行业的碳排放减少9%，进而使我国整体的碳排放减少1.5%。

◆大力发展新能源汽车有利于国家能源安全

在我国的能源结构中，煤炭储量最大，石油储量居中，天然气储量最少。随着经济快速发展，国内的石油开发量已经无法满足需求，开始大量进口原油。根据海关总署公布的数据，2019年中国进口原油5.06亿吨；2020年进口原油5.4亿吨，同比增长7.3%，创历史新高。

为了保障能源安全，我国搭建了多条能源通道，包括中俄东北油气进口通道、中哈西北油气进口通道、中伊西南油气进口通道以及海上油气进口通道。尽管能源通道不断增加，我国的能源安全始终无法得到充分保障。

未来，随着新能源汽车逐渐取代燃油汽车，我国的原油需求量将大幅下降，可以为我国的能源安全多增加一重保障。

◆有利于中国汽车工业实现对欧美日传统汽车强国的超越

在传统燃油车领域，英国、美国、德国、日本等国家掌握了先进技术，无论国产车在外观、内饰、配置、做工用料等方面付出多大的努力，都难以与这些国家生产的车辆竞争，根本原因在于汽车的驾驶性能不佳，无法带给消费者更好的驾驶体验。一直以来，人们都认为国产车与进口车的差距在于发动机技术落后，但经过多年的努力我们已经将发动机技术差距缩至很小，真正的差距在于变速箱。而电动车不需要变速箱，由此，制约国产车发展的硬性问题迎刃而解，国产车可能迎来难得一遇的弯道超车的机会。也就是说，进入电动车时代后，全世界的汽车厂商站在了同一条起跑线，需要重新调校电动机、优化电控，用电动机辅助内燃机。在这个过程中，我国汽车厂商有可能超越百年老牌车企，开创一个属于国产车的时代。

1.2.3 节能与新能源汽车产业的发展

根据公安部发布的数据，截至2020年底，全国新能源汽车保有量达到了492万辆，在汽车保有量中的占比为1.75%，基本达到了《节能与新能源汽车产业发展规划（2012—2020年）》制定的目标——“到2020年，纯电动汽车和插电式混合动力汽车生产能力达200万辆、累计产销量超过500万辆”。2021年，全国新能源汽车的保有量达到了784万辆，同比增长了59.25%，增速极快。

纵观人类社会的发展史，第一次工业革命和第二次工业革命都是由能源的改变引发的。现阶段，电动汽车的崛起将掀起新一轮传统燃油汽车革命，而且这场革命将延伸至各行各业，引发一场大范围的经济革命。新能源汽车产业连接着很多行业，包括能源、交通、互联网、通信信息、计算机等。在这些行业中，新能源行业与新能源汽车行业具有天然的适配性。

通过大力发展新能源汽车，我国可以解决三大问题：第一，可以降低石油的对外依存度；第二，可以减少污染物排放，解决空气污染问题；第三，实现技术超越，在全球新能源汽车行业占据领先地位。

在上述三个任务目标中，前两项都与能源有关。我国新能源汽车的发展选择的是一条纯电驱动技术路线。但随着电动汽车市场快速发展，人们开始质疑纯电动汽车是否真的能够做到零排放。因为在目前的电力结构中，煤电占比依然很大。虽然纯电动汽车在行驶过程中不会排放污染物，但煤炭发电过程中会产生碳排放。从严格意义上来讲，这属于污染物的转移排放。同时，新能源的发展也遇到了一些问题，主要是风电、光电的波动性问题无法解决，导致其无法大规模上网、输送、交易。

为了解决这些问题，新能源产业、新能源汽车产业都要努力。一方面，汽车产业要提高动力电池的能量比，不断降低车身重量以及电机的能量损耗，提高能源利用率；另一方面，能源产业要致力于技术研发与突破，降低电网波动性，全面推进智能电网建设，降低风电、光电上网成本。但目前的实际情况是，两个产业彼此独立，无法相互融合，共同发展。

由于我国风电、光电等可再生能源产业集中在中西部经济欠发达地区，而新能源汽车用户主要集中在东部经济发达地区，加之物理空间的距离，清洁的风电、光电无法供给电动汽车使用，导致天然具有买卖关系的双方无法开展交易。

◆两个产业携手是历史必然

为了实现2030年中国风电、太阳能发电总装机量超过12亿千瓦的目标，未来十年，我国风电、太阳能发电的年均装机量要达到7400万千瓦。按照国家能源局的规划，2021年，我国风电、太阳能发电合计新增装机量要达到12000万千瓦。

根据中国汽车工程学会发布的《节能与新能源汽车技术路线图2.0》，2025年，新能源汽车在汽车市场中的占比要超过50%，燃料电池汽车保有量要达到100万辆，节能汽车全面实现混合动力化，汽车产业实现电动化。如果我国能够如期完成这一目标，到2035年，我国新能源汽车保有量将达到8000万~1亿辆，燃料电池汽车将超过100万辆。

新能源产业与新能源汽车产业的兴起，为我国调整能源结构——从以化石能源为主导转向以可再生能源为主导，实现碳减排创造了良好的条件。在上游，光电、风电等可再生能源快速发展；下游，新能源汽车可以大幅度消纳可再生能源，从而形成一个良性循环。未来，可再生能源、新能源汽车将成为两大支柱产业，为国民经济发展、国家发展贡献力量。

1.2.4　氢燃料电池车的发展路径

氢能是氢气和氧气反应产生的能量。氢能是氢的化学能，主要以化合态的形式出现，在宇宙中分布范围极广，占比达到了75%，属于可再生的二次能源。氢能源是一种真正意义上的清洁能源，因为氢燃烧只产生水，真正做到了零污染，被称为“21世纪最具发展前景的、最理想的清洁二次能源”，有着“终极能源”之称。

在“双碳”目标下，为了减少汽车行业的碳排放，相关企业与机构开始研发氢能燃料电池，以期借此让车辆在运行过程中实现“零排放”，在整个生命周期实现“低排放”，在未来汽车产业的技术竞争中占据领先优势。

◆氢能：新能源汽车的终极方案

氢能虽然没有像电能一样实现大规模应用，但相较于已知的煤炭、石油、天然气等能源来说，氢能有很多独有的特点，如表1-6所示。

表1-6　氢能的四大特点

特点	具体表现
来源广泛	氢能制取方式非常多，可以通过对煤炭、石油、天然气等传统化石能源进行低碳化制取，也可以通过风能、光能、水能等可再生能源制备，对化石能源进行清洁利用，扩大清洁能源的利用范围
燃烧热值高	氢能的燃烧热值非常高，是液化石油气燃烧热值的2.5倍，是汽油燃烧热值的3倍
清洁无污染	氢能无色、无味、无毒，燃烧的产物只有水，对水进行电解又可以产生氢，实现循环使用
利用形式多	氢能燃烧可以产生热能，应用于热力发动机产生机械功，又可以作为能源材料用于燃料电池产生电能，驱动燃料电池车、分布式发电设施，还可以转化为固态氢，作为结构材料投入使用

◆全球各国氢燃料电池产业的发展

在氢能利用方面，氢能燃料电池可以使氢能利用效率实现最大化，推动氢能实现普及应用。近年来，在相关企业与机构的努力下，氢能燃料电池技术取得了重大突破，进入商业化应用阶段。

近年来，中国、美国、日本、德国等国家都发布了氢能及燃料电池发展战略路线图，一些国家还将氢能开发利用确定为国家战略，将氢能纳入国家能源体系。例如，为了发展氢能，日本政府发布了很多激励政策，刺激相关企业与机构积极研发氢能利用技术，在氢燃料电池领域取得1500多项专利。欧美等发达国家致力于氢燃料电池汽车开发，积极筹建加氢站，取得了一系列显著成就。2017年，宝马、奔驰、通用等企业推出多款氢燃料电池汽车，带领氢燃料电池进入大规模商业化应用阶段。

我国政府从2011年开始围绕氢能产业的发展颁发了一系列政策，涵盖了产业结构、科技、财政、战略等方面，目的在于推动氢燃料电池及氢能相关产业实现快步发展。相较于纯电池汽车来说，氢燃料电池汽车的续航里程更长，燃料补充所耗时间更短。目前，在相关企业与机构的努力下，我国的氢能利用已经进入小规模商业化推广阶段。随着氢燃料电池汽车的产销规模过万辆，我国氢能产业的发展将进入爆发阶段。

我国在新能源汽车研发与应用领域积累了丰富的经验，这些经验为氢燃料电池汽车的研发与利用奠定了良好的基础。随着制氢、储氢、输氢工业的快速发展，氢燃料电池汽车行业也将实现快速发展。

◆汽车企业在氢能源领域的布局与应用

交通行业想要实现碳减排，减少传统燃油汽车的能源消耗以及碳排放是重点。为此，很多国家开始大力推广新能源汽车，并针对新能源汽车取代传统燃油汽车颁发了很多文件，德国、英国等国家还发布了禁售传统燃油汽车的具体时间。

在风能、核能、太阳能等各种类型的新能源中，氢能凭借绿色、环保、可再生、易提取、易储用等特点释放出巨大的潜力。为了响应国家碳减排政策，在碳减排、碳达峰目标实现的过程中做出自己的贡献，一些汽车企业积极进行氢能源开发与应用，通过研发、推广氢能源汽车履行环境责任。

（1）现代汽车

2013年，现代汽车推出ix35 FCEV，这是全球第一款实现量产的以氢燃料电池为动力的乘用车；2018年，现代汽车推出第二代氢燃料电池车NEXO，上市2年汽车销量就突破了1万辆，在全球氢燃料电池车销售排行榜上位居第一。此外，现代汽车还积极拓展氢燃料电池技术的应用范围，向瑞士储氢技术公司、欧洲能源解决方案公司出口氢燃料电池系统，为氢能社会的构建做出了突出贡献。

（2）中国一汽

2018—2019年，中国一汽50千瓦级别和100千瓦级别燃料电池发动机先后点火成功，这两款发动机都是中国一汽首创，都可以用于乘用车。2019年7月，中国一汽发布了新能源技术战略——旗羿登峰计划，将燃料电池汽车作为新能源汽车的一条技术路线。为了更好地推广燃料电池汽车，2020年6月，中国一汽与东风公司、广汽、北汽、丰田汽车、亿华通共同成立联合燃料电池系统研发（北京）有限公司，希望能为我国的氢能社会建设做出一定的贡献。

（3）东风汽车

2020年10月，在第四届中国（佛山）国际氢能与燃料电池技术及产品展览会上，东风汽车发布了东风Sharing-VAN氢能版。2021年2月，东风汽车与佛山市政府、佛山仙湖实验室、佛山南海区政府签署四方合作战略，共同致力于氢燃料电池汽车和智能网联汽车的研发与推广，并联合成立了氢燃料电池乘用车示范运营车队，建立了燃料电池乘用车维保体系，对氢能产业规模化、规范化、高质量发展产生了积极的推动作用。

总而言之，在“双碳”背景下，对于汽车企业来说，新能源汽车的研发与利用是其参与全球竞争，在全球竞争中占据优势地位的关键。在新能源汽车研发领域，氢能源汽车的研发历经多年取得了阶段性成果，逐渐成为汽车企业践行环保责任，在新一轮的市场竞争中占据优势地位，攫取经济利益的重要抓手。

1.2.5 “里程焦虑”的最优解

艾瑞咨询曾做过一次问卷调查，调查对象是有意向购买新能源汽车的燃油车主，发现被调查者在购买新能源汽车之前主要考虑两个问题，一是电池的使用寿命与续航里程，二是充电问题。电动汽车的充电时间较长，而且国内充电桩的覆盖率较低，再加上无法安装私人充电桩，导致超过60%的车主表示，电动汽车只有可以提高续航能力、缩短充电时间、解决充电难题，他们才会考虑购买。

相较于传统燃油汽车来说，电动车的性能更强，推力更大。相关数据显示，电动汽车从能量到推力的转化效率可以达到90%，比传统燃油车的35%高很多。电动马达即便在低速运转的状态下也能产生强大的推力，因此电动汽车在行驶过程中不需要换挡。以特斯拉为例，Model S最高配置版本从0加速到100公里只需要2.8秒，1.6L紧凑型轿车从0加速到100公里需要11~13秒。

特斯拉锂电池一次充电大约要消耗70度家用电，1度电大约可以行驶10公里。如果按照0.55元/度电来计算，1公里的电费为0.055元。而1公升汽油的价格大约为5.5元，如果按照每百公里耗油7升计算，1公里的油费为0.38元。也就是说，燃油车每公里的费用大约为电动汽车的7倍。随着发电技术不断提升，电价不断下降，电动汽车每公里的花费将持续下降。

另外，从内部构造看，纯电动汽车比燃油汽车的构造简单，零部件数量相对较少，不需要更换火花塞、过滤器、传动液等。而且，纯电动汽车的刹车采用回馈制动，不需要过多地对刹车片进行维护。

对于电动汽车来说，续航里程是制约其发展的一个主要因素。电动汽车想要实现快速发展，必须解决“里程焦虑”问题，而这一问题的解决可以从两个方面着手。

◆提高电池容量

受能量密度的限制，提高电池容量会增加电池的体积，进而增加整个车辆的重量，导致耗电量增加。因此，对于车企和电池厂家来说，如何提高电池的能量密度是一大技术难题。这个问题一旦解决，电动汽车市场或将实现爆发式增长。

对工信部颁布的往届新能源车免车购税目录进行梳理可以发现：2019年，市场上纯电动汽车的续航里程大多为400公里；2020年，市场上纯电动汽车的续航里程提升至500公里。目前，小鹏P7的NEDC续航里程已经突破了700公里，续航里程的增加将成为纯电动汽车发展的必然趋势。

但目前，纯电动汽车续航里程的增加不是通过提高电池的能量密度实现的，而是依靠轻量化技术减少车辆自重，增加电池数量或者优化电机和电控技术实现的。

◆缩短充电时间

随着大功率直流充电技术不断成熟，纯电动汽车使用快充可以将充电时间缩短至0.5~1小时。另外，在国家政策的支持下，充电桩的分布范围、分布密度都将持续增加，将有效解决纯电动汽车在行驶过程中的充电难题。

虽然纯电动汽车的续航里程不断取得突破，从200公里到400公里，再到600公里、700公里。但在不同的行驶环境中，纯电动汽车的实际行驶里程并不理想。在城市开阔的道路环境中，纯电动汽车基本可以满足用户的出行需求，但在长途旅行过程中，因为要排队充电，且充电时间较长，驾驶体验不佳。

因此，纯电动汽车基本只能用于市内通勤，部分购买纯电动汽车的家庭或者用户会另外配置一台燃油车，还有一部分用户希望购买一辆既可以节能减排，续航里程长，又无须为充电而焦虑的新能源车。但现阶段，受电池能量密度的限制，纯电动汽车的续航里程问题、充电时间问题还无法解决。

面对这一问题，比亚迪借鉴增程车的优点，开发出一款超级混合动力车，采用骁云—插混专用1.5L高效发动机，将热效率提高到了43%，同时搭载大容量刀片电池，使得车辆在纯电动模式下的续航里程可以达到120公里。在电量充足的状态下，这款汽车就相当于一台纯电动汽车，可以在任何路况下行驶。如果电量不充足，汽车会根据系统工况自动切换到用油模式或者油电协同模式。在超级混动状态下，这款汽车百公里油耗只有3升，续航里程可以达到1200公里。除此之外，长城汽车也开发出DHT 混动技术。随着插混技术的不断发展，未来很长一段时间，纯电动汽车可能与插混汽车共存。

1.3　格局与变量：新能源汽车市场争夺战

1.3.1　全球新能源汽车市场格局

根据中国汽车工业协会发布的数据，2020年，国内新能源汽车销量为1367315辆，同比增长13.35%，过去五年的年均复合增长率为32.8%，渗透率为5.4%。2021年第一季度，我国新能源汽车的渗透率提升到了7.49%。

2020年，我国纯电动汽车销量为1115123辆，在新能源汽车销量中的占比大约为81.56%；插电式混合动力汽车销量为251010辆，在新能源汽车销量中的占比大约为18.36%；燃料电池汽车销量为1182辆。2021年，我国纯电动汽车销量达到了210.5万辆，新能源汽车的销量为352.1万辆，同比增长1.6倍，市场占有率达到13.4%。其中纯电动汽车销量291.6万辆，同比增长1.6倍；插电式混合动力汽车销量60.3万辆，同比增长1.4倍；燃料电池汽车产销完成0.2万辆，也呈现出增长之势。2025年，汽车总销量预计达到3000 万辆；2035年，汽车总销量预计达到3500 万辆。

2020年，新能源汽车行业实现了快速发展，全球新能源汽车销量达到324万辆，新能源乘用车销量为318.05万辆，同比增长43.93%，新能源汽车的渗透率达到5.93%。而2015年，全球新能源汽车的渗透率只有0.83%。新能源汽车渗透率的快速提升有两方面原因，一是新能源汽车的销量快速提升，二是传统燃油车市场持续萎缩。

从车型构成来看，目前畅销的新能源汽车主要有两类，一类是纯电动汽车，另一类是插电式混合动力汽车，二者的销量比大约为2：1。

2025年，我国计划将新能源汽车的渗透率提升至25%；美国加州计划将新能源汽车的渗透率提升至15%。欧盟一些国家制定了更远大的目标，例如，挪威计划到2025年将新能源汽车的渗透率提升至100%；丹麦、爱尔兰计划到2030年将新能源汽车的渗透率提升至100%；英国、法国、西班牙、葡萄牙计划到2040年将新能源汽车的渗透率提升至100%。

2015—2019年，我国新能源汽车市场规模连续五年蝉联世界第一。为了提高新能源汽车的销量，欧洲各国推出了一系列补贴政策，例如，法国为每辆新能源汽车提供7000欧元的补贴；德国不仅为新能源汽车的购车者提供6000欧元的补贴，而且还为车企提供3000欧元/台的补贴；荷兰将新能源汽车的补贴时间从2019年底延长至2025年，并在2020年为新能源汽车行业提供1720万欧元的补贴。在力度如此之大的补贴政策的带动下，2020年，欧洲新能源汽车市场规模超过我国，成为全球第一。

除中国、欧洲外，新能源汽车市场的扩张速度比较缓慢。在美国市场，虽然特斯拉 Model Y已经上市，但当地的新能源汽车的销量仅增长了4%。日本、加拿大、澳大利亚的新能源汽车销量不增反减，韩国、印度、以色列、阿联酋和中国香港等国家和地区的新能源市场均表现出不同程度的增长。

随着新能源汽车取代传统燃油车成为不可逆转的趋势，再加上日渐严格的碳减排政策以及各种补贴政策，全球新能源汽车市场仍将维持高速增长。据Canalys预测，2021年，电动汽车的销量将达到500余万辆，同比增长66%，在全球新车销量中的占比将超过7%；预计到2030年，电动汽车的销量将达到3000万辆，在全球新车销量中的占比将达到48%。预计2021—2025年，全球新能源汽车市场的年均复合增长率将达到36.37%；2026—2030年，全球新能源汽车市场年均复合增长率将达到14.87%。

1.3.2　马太效应与品牌高端化

根据新能源汽车的销售数据，由中国公司主导或参与运营的新能源汽车品牌在国内新能源汽车市场上的占比超过了3/4，在国内新能源市场上牢牢掌握着主导权。但从营收预估看，中国品牌市场份额的下降幅度可能会超过50%，其中自主品牌所占市场份额最高在34%左右，新品牌可能会抢占20%的市场份额，合资品牌的市场占有率可能会降至5%左右。

在所有的国外品牌中，美系和德系仍能获得不错的营收份额，并且美系品牌的营收高于德系。其他的品牌在我国新能源市场上处于边缘位置，营收份额不足3%。要知道，在我国燃油车市场上，日系品牌一直占据着较大的市场份额。但进入新能源汽车市场之后，日系品牌丧失了竞争优势，市场占比极小。

◆马太效应显著

如果按照营收份额对新能源汽车进行排序，在2020年中国新能源汽车市场，特斯拉仅凭一款车型就占据了超过1/5的市场份额。排名前四位的品牌所占市场份额超过了50%，排名前十位的品牌所占市场份额超过了3/4，剩余的60个品牌只能共享1/4的市场份额，其中排名11~20位的品牌，每个品牌只能占据1%~2%的市场份额，整个市场呈现出强者更强的马太效应。

随着头部企业将营收转化为更多优质的产品与服务，凭借良好的业绩表现源源不断地吸引融资，进一步增强自身的竞争优势，新能源汽车市场上的这种马太效应将变得更加明显。相反，排名靠后的企业由于无法获得源源不断的资金支持，只能勉强维持正常运营，没有资源与精力来提升自身的竞争力。如果企业本身在传统燃油车领域有一定的优势，那么可以用传统燃油车业务的营收补贴新能源汽车业务。但如果是新能源汽车领域的创业企业，想要实现可持续发展，就只能通过外部融资获取资金与资源。

◆品牌高端化

如果按照“平均售价=营收预估总和/总销量”进行计算，2020年新能源汽车的平均售价为19.7万元，相较于2019年的16.8万元上涨了17%。新能源汽车售价的上涨在一定程度上说明整个新能源汽车行业开始向高端化方向发展。

对各个车系板块在不同价格区间的在售车型数量与营收比重进行分析可以发现，自主品牌与合资品牌在中低端市场的营收比重较大。尤其是合资品牌，其营收主要来源于单价在5万元以下的低端市场。日韩品牌的汽车主要专注于单价15万~20万元的中端市场。此外，专注于中端市场的还有非德欧系品牌。但非德欧系品牌与日韩品牌采取的策略完全不同，日韩品牌采取的是高度集中化战略，非德欧系品牌则发展出两个主导品牌，带动营收重心向两端延伸，其中，沃尔沃的销量虽然不多，但凭借较高的单价在高端市场占据了一定的份额；名爵则凭借一款畅销车型EZS在中低端市场占据了不错的市场份额。

美系与德系则延续了其在传统燃油车领域的市场地位，主攻高端市场。这样一来，车系市场就划分出低、中、高三大等级，与国内汽车市场的发展格局基本契合，这一点并不出人意料。出人意料的是国产新能源汽车品牌在各个价格区间都有对应的车型，营收比重主要集中在中高端市场，凭借14%的销量获取了20%的营收份额，市场份额超过了美系与德系等传统的高端车系，带领国产品牌向着高端市场进军。

国产新能源汽车品牌的这种发展趋势主要是由头部企业的品牌策略造成的。蔚来和理想两家企业在创立之初就将自己定位为高端品牌，车型平均售价不低于30万元。2020年，两家公司的月销量不断增长，推动整个业务板块朝着高端化的方向发展。同样是在2020年，小鹏汽车调整了发展策略，开始通过P7向高端市场发力，在高端市场占据一定的市场份额。当然，也有反面案例。例如，威马汽车固守中低端路线，无论汽车的月销量还是营收增长都不断下降，逐渐被后起之秀超越。

随着五菱与欧拉等车型的销量不断增长，中低端消费市场开始快速发展。同时，受到市场规模的限制，高端市场无法长期保持扩张，整个行业无法长久地保持高端化发展趋势。因此，未来新能源汽车各层次将实现均衡发展。

1.3.3　玩家1：自主品牌

目前，中国新能源汽车市场上的各个车系呈现出截然不同的发展趋势，各个维度呈现出不同程度的分化，整个市场呈现出一种全新的格局。下面我们对各个车系板块的具体情况进行分析，对各个车系未来的发展趋势与新能源汽车市场的发展格局进行探究。首先，我们对新能源汽车自主品牌进行简单分析。

从营收来看，在2020年的新能源汽车市场上，自主品牌成为所有车系板块中唯一一个营收下降的品牌。相较于2019年，2020年自主品牌新能源汽车营收下降了27%，营收份额从63%跌至34%。在自主品牌中，唯一实现了营收正增长的是广汽埃安，年营收增长了约58%。占据市场份额较大的是比亚迪，虽然营收有所下降，但所占市场份额仍接近50%。营收下降幅度最大的是北汽新能源，降幅达到了82%，品牌营收排名直接下滑13个名次，从第2名跌至第15名。

其实，北汽的业绩下滑早有预兆。因为北汽新能源汽车的主要市场在B2B端，B2C端的私人用户占比极少。过去几年，这种业务结构确实对北汽新能源汽车的发展提供了强有力的支持，但随着B2B端大客户挖掘殆尽，销售业绩下滑也就成为了必然趋势。为了拓展B2C端的私人用户市场，2020年5月，北汽启用了新车标——“BEIJING”，但效果并不理想。在这种情况下，北汽将目光转向了极狐品牌，积极地与麦格纳、华为等企业合作打造智能汽车平台，来拓展私人用户市场。

除北汽外，吉利汽车的营收也呈现出明显的下滑趋势。相较于2019年，2020年吉利汽车的营收大约下降了34%。在新能源领域，吉利汽车采取的是“车海战术”，推出了5个品牌、19款车型，占据了3.2%左右的市场，但整体销量却不如只有一款在售车型的理想汽车。可见，吉利新能源汽车最大的问题就是缺乏爆款产品，虽然车型很多，但都销量平平，此前专门为新能源汽车打造的品牌“几何”也没有取得预期的销售成绩。

为了改变这一现状，吉利汽车宣布了两项重要决定：第一，发布“蓝色吉利行动计划”，筹备建立新的智能电动汽车公司；第二，与沃尔沃合作，共同开发下一代电动汽车模块化架构。吉利汽车希望通过这两大措施对集团内部的资源进行整合，推动新能源汽车业务实现更好的发展。

当然，自主品牌不仅要整合企业内部资源，也要整合企业外部资源。现阶段，自主品牌的新能源汽车产品越来越多，但大多数品牌的汽车销量很低，年销量只有几百辆，商业价值基本为零，却要占据一定比例的市场份额。自主品牌想要发展壮大，可以相互联合、整合，至于谁是这场整合活动的主导者，品牌整合之后将如何改变市场格局，还有待进一步观察。

1.3.4 玩家2：欧美品牌

美系品牌特斯拉成为我国新能源汽车市场最大的搅局者。2020年初，国产Model 3一上市就引发了抢购热潮，销量一路飙升。2020年，特斯拉成为年营收排名第一的品牌，凭借一己之力将美系品牌的年营收增长提高了10000倍，在中国新能源汽车市场上的份额从几乎为零提升至1/5。但除特斯拉之外，其他的美系品牌在中国新能源汽车市场上依然没有取得较大突破。

2021年，特斯拉在中国市场交付国产Model Y，为了提高产品销量，其定价低于市场预期。凭借两款中高端畅销车型，特斯拉将继续在中国新能源汽车市场保持领先优势。除此之外，2021年，美系别克微蓝6纯电车型的销量呈现出小幅增长趋势，将与特斯拉一起进一步提高美系品牌在我国新能源汽车市场上的占比。

在传统的燃油车市场上，德系品牌拥有强劲的竞争力，凭借宝马、奔驰、奥迪等高端畅销品牌，在中国市场上积累了良好的口碑与销量。基于此，德系品牌在我国新能源汽车市场上稳坐第四大车系板块的位置，营收呈现出小幅增长趋势。在中国新能源市场上的德系品牌中，只有奔驰完全依靠EQC纯电SUV占据了一定的市场份额，其他品牌所取得的成就在很大程度上依赖其在传统燃油车领域积累的优势，畅销车型大多为燃油车型的插电混动或者纯电版本，其中最典型的就是宝马汽车。2020年，在宝马新能源汽车的营收中，5系插电混动车型的营收占比超过了90%。

进入2021年之后，这种情况发生了一定的改变，在大众推出纯电动家族ID车系之后，奔驰、宝马、奥迪等德系品牌相继推出了纯电平台车型，典型代表有奥迪e-tron、宝马iX3以及奔驰EQ家族。这些车型定位中高端市场，如果能够在2021年获得不错的销量，必然可以扩大德系品牌在中国新能源汽车市场上的份额。

欧系品牌是由中资主导的，有两大市场巨头，一是上汽旗下的英国品牌名爵，二是吉利旗下的瑞典品牌沃尔沃，其他三家法系品牌在这个板块的市场占有率不足1%。其实在欧洲本土市场，法系品牌的新能源汽车一直占据着不小的市场份额。2020年，雷诺Zoe的年销量甚至击败特斯拉Model 3，稳居销量榜的榜首。

但在欧洲以外的市场，法系品牌的表现却不尽如人意，其主要原因在于法系品牌的明星产品两厢小型车符合欧洲市场需求，欧洲以外的市场需求量较小。再加上，法系品牌主要面向的是中低端市场，在中国市场上与国产的小微车型竞争不具备价格优势。法系品牌的这两个问题将长时间存在，在这种情况下，中资主导欧系板块的市场格局也将维持很长时间。

1.3.5 玩家3：日韩品牌

在传统燃油车领域，日系品牌拥有较强的竞争力，在中低端市场占据着较大的市场份额，并推出雷克萨斯等品牌向高端市场进军，成绩斐然。但在新一轮的电气化技术革新浪潮中，日系品牌因为在氢动力和纯电的技术路线之间摇摆不定，没有及时采取行动，导致其新能源汽车在中国新能源汽车市场上的占有率较低，相比燃油车在中国燃油车市场的占有率有很大差距。目前，日系新能源汽车主要有两种类型，一类是传统燃油车的插电混动版本，另一类是油改电式的纯电车型，很多品牌想要推出纯电车型，需要寻求合资公司中中方公司的帮助，可见日系新能源汽车的转型发展困难重重。

起初，韩系品牌跟随日系品牌走氢动力技术路线，但在看到特斯拉的纯电技术路线大获成功之后，迅速调整技术路线，代表企业现代起亚在短时间内推出多款新能源汽车，在欧洲市场、美国市场占据了一定的市场份额。同时，现代汽车公司推出Ioniq纯电技术平台，并发布了基于该平台的车型，迅速赶超日本。但在中国市场，韩系品牌所占市场份额较小，知名度、影响力都大不如前。再加上，韩系品牌聚焦的是中低端市场，想要进入中国新能源汽车市场就要与大量的中国品牌竞争。对于韩系品牌来说，打败众多中国国产品牌，拓展中国市场绝非易事。

综上所述，近两年，在我国新能源汽车市场上，以特斯拉、蔚来、小鹏为代表的美系品牌与国产品牌表现最佳，这些企业的营收大幅增长，且备受资本青睐，此处将其统称为新势力公司。

新势力公司与传统汽车公司的发展模式存在较大区别。后者注重硬件开发与固定资产投入，前者注重的是软件研发与生态构建，提倡利用软件与互联网技术重新定义汽车。与传统汽车公司相比，新势力公司掌握着更先进的自动驾驶技术，并以该技术为基础，通过订阅模式为用户提供自动驾驶及其他增值服务，如蔚来汽车为用户提供BaaS电池租赁服务等。

通过这种商业模式，新势力公司可以源源不断地获取现金流，建立软性服务生态，将其打造成企业稳定的营收增长点。而传统的汽车公司获利渠道比较单一，就是单纯的产品销售，无法获得持续的现金流。

在汽车产业电气化、智能化的过程中，新势力公司之所以能够强势崛起，就是因为抓住了新能源汽车的本质，将汽车产业从传统制造业中剥离出来，升级为高新技术产业。未来，在新一轮产业变革浪潮中，能够在技术、服务、商业模式等全领域创新的企业必将成为引领者、弄潮儿。

1.3.6　玩家4：新创与合资品牌

新创立的公司与品牌作为新能源汽车市场上崛起的一股新力量，自诞生以来就饱受争议。但各项数据表明，这些新品牌、新公司在新能源汽车市场上的表现非常亮眼。以蔚来为代表，新能源汽车领域的新创品牌都在技术研发领域投入重资，一边打磨产品，提高产品的性能与竞争力，一边优化服务，带给客户极致的消费体验，创造出极具中国特色的汽车消费生态。

这种汽车消费生态的特点是强调互动，要求线上与线下、厂商与客户、客户与客户之间加强互动，极大地增强了用户黏性，这是汽车行业传统的商业模式无法做到的。随着产品布局不断完善，业务范围持续拓展，新创品牌有可能成为中国新能源汽车的领导者，带领中国新能源汽车走向世界，并利用全新的客户服务模式为我国汽车工业打造一张新名片。

合资品牌是中外合资企业探索品牌本地化的一种重要方式，这种方式早在燃油车时代就已经出现，但表现并不理想，很多合资品牌相继退出市场，即便没有退出市场，知名度也很低，几乎不会引起关注。但在这些合资品牌中有一个例外，就是上汽通用五菱旗下的五菱品牌以及宝骏子品牌，从“国民神车”开始，五菱系的产品销量始终保持在较高水平，这种销售趋势一直延续到新能源领域。

2020年8月，五菱宏光MINI EV正式上市，上市之后产品销量持续增长，到2021年1月已经成为全球畅销的新能源车型之一。但五菱宏光MINI EV的售价较低，为2.88万~3.88万元，因此营收比重不高，属于薄利多销型车辆，聚焦的是低端市场。当然，也有合资企业聚焦中高端市场，如腾势。

腾势是国产品牌比亚迪与德系高端品牌奔驰联合开发的一个品牌，既具备行业领先的新能源汽车技术，又有高端品牌奔驰的背书，本应在新能源汽车领域占据一席之地，但上线至今始终不温不火，没有引起太多关注。

除此之外，还有专注于中端市场的日系合资品牌，由于缺乏强有力的新能源技术平台的支持，广汽丰田和广汽本田只能借助广汽埃安Aion S的技术平台生产纯电车型，这类新能源汽车能否被消费者接受还有待观察。

1.4 顶层设计：我国新能源汽车实践路径

1.4.1 构建多层级技术方案

为了推动新能源汽车实现智能化、网联化发展，推动新能源汽车行业实现可持续增长，我国《新能源汽车产业发展规划（2021—2035年）》提出四大行业驱动力，分别是技术创新、模块化趋势、全产业链布局、充换电体系建设。

市场是资源配置的主体，政府部门要充分发挥市场的作用，为企业在技术路线选择、生产服务体系建设方面发挥主观能动性提供支持。同时政府要制定标准法规与战略规划，维护市场秩序，做好质量安全监管工作，引导消费者购买新能源汽车，为新能源汽车产业的发展营造良好的市场环境。

新能源汽车产业要全面实施创新驱动发展战略，政府部门必须建立一个以企业为主体、以市场为导向、产学研用协同发展的技术创新体系，为企业创新营造一个良好的制度环境，鼓励多条技术路线并行发展，鼓励企业合作，共同在核心技术领域取得重大突破，加快商业模式创新，形成产业创新发展生态。

2020年开始，新能源汽车企业打破了传统的以单一的三元模组产品拓展市场的方式，开始切入动力电池行业，通过多元化的方式降本增效，例如，北汽新能源与宁德时代合作开发 NCM523体系下的CTP方案，比亚迪开发磷酸铁锂＋刀片电芯+GCTP等。经过多年发展，电池企业逐渐形成了涵盖材料、电芯、新能源汽车电池包等环节的全产业链多层次技术创新体系，可以推出更多低成本的解决方案。

近年来，磷酸铁锂受到广泛认可，有望进一步拓展乘用车应用空间。根据工信部发布的公告，在江淮 iEV6e/iEVA50、奇瑞eQ、北汽EU300、江淮大众思皓E20X等一众车型中，磷酸铁锂电池的能量密度达到140Wh/kg以上，续航里程达到400公里，完全能够达到A级乘用车的标准。在运营车平价周期的影响下，借助成本优势，磷酸铁锂电池将在私家车领域实现广泛应用。

基于种种优点，磷酸铁锂电池引起了大众、比亚迪等一线车企的关注，比亚迪利用磷酸铁锂研发出新一代铁锂刀片电池，能量密度提高了50%，目前主要应用于高端轿跑“汉”系列，并在2020年建成8条产线，产能达到了20兆瓦时。特斯拉同样在铁锂电池领域积极布局，希望研发出续航能力更强的电池。

无模组动力（Cell to Pack，CTP）方案进一步下探成本底线。传统电池采用的是多层级的成组方式，导致空间利用率被压缩，电池能量密度变小，而且需要的零部件数量较多，成本始终居高不下。为了解决这一问题，宁德时代推出全新的CTP电池包，也就是将电芯集成应用于电池包的创新技术，将单位体积的利用率提高了15%~20%，零部件数量减少了40%，生产效率提高了50%，系统成本降低了10%，冷却性能提高了10%。据计算，传统电池包的能量密度为140~150Wh/kg，CTP电池包的能量密度超过200Wh/kg。目前，CTP有两条技术发展路线，一是部分减模组化，用钢扎带形成的大模组代替小模组，代表企业包括宁德时代、蜂巢能源等；二是完全无模组化，代表企业为比亚迪。

1.4.2 强化模块化技术趋势

◆强化整车集成技术创新

新能源汽车产业需要从纯电动汽车、插电式混合动力（含增程式）汽车、燃料电池汽车切入，建立并完善整车技术创新链，搭建新一代模块化高性能整车平台，在纯电动汽车底盘一体化设计、多能源动力系统集成技术领域攻坚克难，在整车智能能量管理控制、轻量化、低摩阻等共性节能技术领域取得重大突破，优化充电结构设计，提高电池管理水平，提高车辆的整体性能。

◆提升产业基础能力

新能源汽车企业应该从动力电池与管理系统、驱动电机与电力电子、网联化与智能化技术三大领域切入，创建关键零部件技术供给体系，持续加大在先进模块化动力电池与燃料电池系统技术领域的研发投入，攻克技术难关，围绕新一代车用电机驱动系统搭建解决方案，加强智能网联汽车关键零部件及系统的开发，在计算和控制基础平台技术、氢燃料电池汽车应用支撑技术等领域寻求突破，同时提高基础关键技术与基础工艺的能力与水平，提高基础核心零部件与关键基础材料的研发能力。

经过上述两步可以形成“三纵三横”发展格局，推动相关技术实现模块化发展，推动新能源汽车的发展进入模块化时代。近年来，越来越多的主机厂推出电动化计划和电动平台，推动新能源汽车进入部分模块化时代。不同主机厂打造的电动平台具有不同的特点，但同一平台生产出来的汽车，其底盘结构与电池空间非常相似，甚至完全相同。在这种生产模式下，零部件将实现标准化、模块化发展。

◆模块化逐渐从电池包延伸到汽车底盘

宁德时代研发的CTC（Cell to Chassis）电池技术可以看作CTP技术的发展，将电池集成到底盘。CTC技术优化了电池陈列方式，并使用了三电系统，借助智能化动力域控制器对动力分配进行优化，不断降低能耗，计划在2030年之前完成技术开发。

引进CTC技术之后，新能源汽车的整体重量可以减少8%，动力电池的成本可以减少20%，续航里程可以提高40%以上，有可能达到1000公里，百公里电耗有望降至12度。CTC技术开发可以通过三步实现：第一步，集成底盘，实现低压、高压多合一；第二步，开发智能底盘，利用悬挂、制动、独轮驱动技术，搭建AI自适应控制系统；第三步，开发自动底盘，迎合自动驾驶的发展趋势。

在CTC技术的指引下，电池与车身开始朝着一体化的方向发展，模组、电池包与底盘开始朝着标准化的方向发展，电芯核心技术的外延不断扩展，电池企业通过与主机厂合作进行整车开发，不断提高自己在产业链中的话语权。

1.4.3 搭建全产业链生态布局

新能源行业要尽快建立动力电池模块化标准体系，在关键制造装备领域取得重大突破，不断优化生产工艺，全面提高生产效率。同时，行业要建立动力电池回收渠道，对废弃的动力电池进行回收再利用，实现再资源化。最后，行业要面向动力电池运输存储、维修保养、安全检验、退役退出、回收利用等环节建立完善的管理制度，加强监管。

2018年初，宁德时代开始向锂电池的上游延伸，进入锂、镍、三元材料、磷酸铁锂材料、锂电设备等环节，打通全产业链，不断拓展市场份额，提高盈利能力。2020年8月11日，宁德时代宣布了一项投资计划，投资对象是产业链上下游的优质上市企业，总投资额不超过190.67亿元，其希望通过这种方式加强产业链合作，提高关键资源的供应效率及利用效率，提高在国际市场上的竞争力，为全球化战略的落地提供强有力的支持与保障。

宁德时代计划投入25亿元认购先导智能定增，以提高智能制造水平。2020年9月14日，先导智能发布了一则募资公告，计划募资建设高端智能装备华南总部制造基地项目，提高自动化设备生产基地的能级，研发锂电智能制造数字化整体解决方案等，发行股价为36.05元/股，总额不超过25亿元。宁德时代全额认购先导智能发行的所有股份，持股比例为7.29%。先导智能是锂电设备领域的龙头企业，整线交付能力及单机核心设备技术都达到了世界先进水平。宁德时代全额认购其股份，成为战略投资者，对二者在未来开展深度合作，完善在智能制造领域的布局具有深远影响。换电模式提高电池梯次利用回收效率，建立健全循环体系。在传统的经销商模式下，客户比较分散，电池不易回收。再加上，消费者购车时购买了动力电池，导致车企失去了动力电池的所有权。在这种情况下，车企想要回收动力电池，首先要获得动力电池的所有权，难度较大。另外，如果车企回收的动力电池数量不足，就无法形成规模效应。相较于车企来说，换电站在回收动力电池方面拥有先天优势，可以取代经销商网点。随着回收的动力电池数量不断增长，还可以形成规模效应，结合梯次利用形成"充电—换电—储电"的闭环价值链。

电池企业的业务逐渐从生产制造向资产管理服务延伸，挖掘电池全生命周期价值。例如，蔚能电池资产公司成立时，宁德时代与蔚来汽车、湖北科投以及国泰君安国际各投资2亿元，试图补足电池一环，打造一个完善的商业模式。之后，宁德时代与普洛斯签署战略合作协议，共同组建资产管理合资公司，专门从事电池以及储能系统的管理与运营。宁德时代之所以如此看重电池，是因为电池品质在很大程度上决定了车电分离商业模式的成功率，只有生命周期长、品质好、可靠性高的电池才能够满足这种商业模式的需求，才能支持企业在产品生命周期内为客户提供更优质、更完善的服务。

1.4.4 完善充换电基础设施的对策建议

◆加快充换电基础设施建设

新能源汽车行业应该完善充换电基础设施的布局，提高充换电基础设施的覆盖率，与城乡建设规划、电网规划及物业管理、城市停车场规划相协调，借助互联网提高充换电基础设施的智能化水平，形成“智能有序慢充为主、应急快充为辅”的居民区充电服务模式，并将这种模式推广应用，形成“适度超前、快充为主、慢充为辅”的充电网络，同时鼓励相关企业积极研发新型充电技术，包括智能有序充电、大功率充电、无线充电等，提高充换电基础设施的可靠性，实现便捷充电。

◆提升充电基础设施服务水平

政府部门要鼓励企业合作创建充电设施运营服务平台，促使平台之间相互连接，实现信息互通与统一结算。鼓励企业加大在充电设备与配电系统安全监测预警等技术领域的投入，对无线充电设施电磁频谱使用方法进行规范，提高安全设施的安全水平，保证安全设施一致、可靠，提高服务保障水平。

◆鼓励商业模式创新

政府部门要根据老旧小区改造计划与城市更新规范，鼓励企业开展合作，共同做好充电设施建设与运营工作，大力发展居民区多车一桩、临近车位共享等模式，鼓励充电场（站）与商业地产合作，在商业地产的停车场建设停车充电一体化服务设施，提高公共停车场的充电服务能力，为公共停车场增添一项增值服务。另外，为了降低企业运营风险与用户使用风险，相关部门和企业还要建立健全充电设施保险制度。

在政策支持下，车电分离模式有可能实现快速发展。2020年4月，财政部等四部委联合发布《关于调整完善新能源汽车补贴政策的通知》，明确提出要大力发展“车电分离”等新型商业模式，对于采取换电模式的新能源汽车产品，不执行30万元限价要求。《新能源汽车产业发展规划（2021—2035年）》也明确提出要大力推动充换电基础设施、服务和商业模式建设。在这些政策的支持下，车电分离商业模式将进入快速发展阶段，成为主流模式。

换电车辆申报提速，一大批换电车型进入应用推广目录。2020年6月，工信部发布第333批《道路机动车辆生产企业及产品公告》，首次提及换电型纯电动多用途乘用车，蔚来旗下三款换电车型出现在申报名单，包括一款ES8和两款ES6。之后，第334、第335、第336批公告又出现了九款换电车型，吉利的枫盛汽车、上汽荣威Ei5都出现在申报名单中。

在车电分离模式下，新能源汽车的购车成本下降，甚至低于燃油汽车。根据蔚来官方发布的信息，顾客选择BaaS模式购车，购车成本将减少7万元。在蔚来全系车型中，搭载70千瓦时电池包的ES6价格可以降至28.8万元，这个价格相当于同级别燃油宝马X3的74%。假设电池价格为1元/Wh，扣除电池成本后，A0级至B级车型的价格优势将明显提升，A00级纯电动车将出现明显的溢价现象，在车电分离模式下基本不会呈现出太大的价格优势。

相较于燃油车来说，换电的使用成本和购置成本都会下降，进而提高新能源汽车的接受度。在车电分离模式下，购车成本将大幅下降，同时电池将承担起储能功能，夜间充电可供日常更换，以节约成本。以蔚来ES6与宝马X3为例，根据蔚来官方披露的数据，换电电池每月的服务费为980元，如果车辆每月行驶2000公里，加上夜间的充电费用，每月的换电成本为1200元。如果切换到加油模式，每个月的加油费用为1400元。在充电模式下，由于没有月租费用，每月最低使用成本为500元。

第2章
技术路线：新能源汽车的实现路径

2.1 纯电动汽车：开启汽车的电动化时代

2.1.1 纯电动汽车的基本结构

纯电动汽车（Battery Electric Vehicle，BEV）指的是以车载可充电蓄电池为动力，利用电机驱动车轮运转的一种车辆。电动汽车运行的动力来源是动力电池输出的电能，通过电机控制器驱动电机运转产生动力，再通过减速装置将动力传递给车轮，驱动车辆向前行驶。

相较于传统的燃油车来说，纯电动汽车去除了复杂的动力系统和传动系统，使用电动机取代发动机，动力电池取代燃油系统，固定减速比的减速箱或简单变速箱取代传统复杂的变速箱，不安装排气管和前后传动轴，以保证电池和地板的平整。

纯电动汽车产业链由上游、中游、下游三部分组成，上游主要由电池组、电机、电控及其他零部件组成，中游整车与传统燃油车相似，可以划分为乘用车、商用车和专用车三种类型，下游配套设施与市场运营可以分为电池回收与充、换电设施两部分。

◆纯电动汽车的优缺点

纯电动汽车的优缺点如表2-1所示。

表2-1　纯电动汽车的优缺点

优缺点	具体内容
优点	（1）纯电动汽车完全依靠电能驱动，在市场上现有的新能源汽车中，纯电动汽车的使用成本最低 （2）纯电动汽车的结构比较简单，保养项目较少，一般情况下只需要更换齿轮油、刹车片即可，保养费用也相对较少 （3）纯电动汽车可以享受较高的国家补贴以及地方补贴，购买成本较低 （4）纯电动汽车在行驶过程中不会产生太大噪声，不需要加装隔声装备 （5）纯电动汽车的电动机具备低转速、高扭矩的特点，可以快速启动，提速性能比较好
缺点	（1）更换电池的费用高。以众泰知豆为例，整车价格大约为5万元，更换电池组需要花费3万元 （2）电池衰减问题目前无法解决，而且天气状况会对电池性能造成显著影响。在寒冷地区或者冬季，电池的续航能力会大幅下降

◆纯电动汽车的基本结构

从技术层面看，纯电动汽车去除了发动机，使用的是串联混动结构。相较于混合动力汽车，纯电动汽车的实现难度要低很多。因为取消了发动机/变速箱等动力系统，所以纯电动汽车的技术难度比普通燃油汽车还低。因此，随着能源结构不断调整，再加上国家政策的引导，纯电动汽车市场实现了大爆发。从汽车构造来看，纯电动汽车主要由电源系统、驱动电机系统、整车控制器和辅助系统构成，具体分析如下。

（1）电源系统

电源系统主要由动力电池、电池管理系统、车载充电机、辅助动力源、DC/DC转换器等部分构成，各部分的功能如表2-2所示。

表 2–2　电源系统各部分的主要功能

组成部分	主要功能
动力电池	作为能量存储装置，动力电池是纯电动汽车必不可少的部分，为纯电动汽车提供了源源不断的动力。目前，纯电动汽车的动力电池主要是锂离子蓄电池
电池管理系统	电池管理系统主要对电池的运行状态、使用情况进行实时监测，实时获取电压、内阻、温度、剩余电量等状态参数，并按要求调节电池温度，利用各种限流措施防止电池过度充电、放电的情况发生，将与电池有关的参数实时显示出来，发现问题及时报警
车载充电机	车载充电机可以根据电池管理系统提供的数据，不断地对充电电流或电压进行调整，为电动汽车的动力电池充电
辅助动力源	辅助动力源主要是12伏或24伏的直流低压电源，主要作用是给各种辅助用电装置提供所需能源，这些装置主要包括动力转向、制动力调节控制、照明、空调、电动窗门等
DC/DC转换器	DC/DC转换器的主要功能是电流转换，可以将高压直流电转化为低压直流电满足纯电动汽车的充电需求。纯电动汽车使用的是12伏的低压电，电流主要来源于蓄电池，车辆启动后DC/DC转换器可以对动力电池的电压进行转换，代替蓄电池为车辆供电

（2）驱动电机系统

驱动电机系统主要由两部分构成，一是电机控制器，二是驱动电机，功能如表2–3所示。

表 2–3　驱动电机系统各部分的主要功能

组成部分	主要功能
电机控制器	根据整车控制器的指令、驱动电机的转速、电流反馈信号控制驱动电机，调节车辆的扭矩和旋转方向
驱动电机	主要功能是电动和发电，在正常行驶状态下主要发挥电动功能，将电能转化为机械能，在减速和下坡滑行时可以将动能转化为电能，实现反向发电

（3）整车控制器

整车控制器可以根据输入的加速踏板和制动踏板的信号，向电机控制器发出指令，控制电机。纯电动汽车处于减速与下坡滑行状态时，整车控制器可以配合电池管理系统发电，为动力蓄电池充电。

（4）辅助系统

辅助系统包括三大部分，分别是车载信息显示系统、动力转向系统、导航系统，这些系统可以让汽车操控更加方便，带给驾驶员与乘客更加舒适的体验。

2.1.2 不同动力驱动形式的纯电动汽车

纯电动汽车按照动力驱动形式可以分为两种类型，一类是集中式驱动纯电动汽车，另一类是分布式驱动纯电动汽车。其中，分布式驱动纯电动汽车又可以分为两类，一类是轮边电机驱动式纯电动汽车，另一类是轮毂电机驱动式纯电动汽车。

◆集中式驱动系统及应用

集中式驱动系统是通过对传统汽车系统进行改装形成的，结构比较简单，电机控制与维修比较方便。具体来看，集中式驱动系统可以细分为三类，分别是传统集中驱动系统、无变速器集中驱动系统和集成式集中驱动系统，如表2-4所示。

表2-4 集中式驱动系统的三种类型

系统类型	运作原理
传统集中驱动系统	在纯电动汽车发展初期，由于各项技术不太成熟，只能对传统汽车进行改造，利用驱动电机代替内燃机，按照传统内燃机车的布置方式安排离合器、变速器和差速器，形成了最早的集中驱动系统
无变速器集中驱动系统	无论车辆处于高速行驶状态还是低速行驶状态，驱动电机都能够为其提供相对恒定的功率。无变速器集中驱动系统不再使用传统集中驱动系统的多级变速器，转而使用固定速比的减速器，并摒弃了离合器，形成了一种无变速器的传动形式。这种传动系统有两大优点，一是可以减小机械传动结构的体积，促使机械传动结构轻量化；二是可以降低换挡带来的车辆控制难度
集成式集中驱动系统	集成式集中驱动系统与无变速器集中驱动系统有很多相似之处，只不过对驱动电机、固定速比减速器和差速器做了整合，将其以一个整体的形式固定在驱动轴上，极大地提高了驱动传动系统的集成化程度，使整个驱动传动系统被简化。这种布置形式对电机的转速、转矩、速度变化范围有较高的要求

◆轮边电机驱动系统及应用

相较于集中式驱动系统来说，轮边电机驱动系统的结构更加紧凑、整体质量更小、传动效率更高，进一步增强了纯电动汽车的动力，增加了纯电动汽车的续航里程。轮边电机驱动系统可以分为两种类型，一类是轮边减速式驱动系统，一类是轮边直连式驱动系统。下面对这两类轮边电机驱动系统进行具体分析，如表2–5所示。

表 2–5 轮边电机驱动系统的两种类型

类型	运作原理
轮边减速式驱动系统	轮边减速式驱动系统是以集中式驱动系统为基础，用两个独立的牵引电机取代差速器。电机安装在车辆两侧，每侧的牵引电机负责驱动一侧的车轮，这两台电机可以在不同的转速下运行
轮边直连式驱动系统	轮边直连式驱动系统不再使用减速器，而是安装了一个单排的行星轮，利用行星轮提供良好的减速比，实现线性的输入输出，从而达到在低转速下增加转矩的目的

◆轮毂电机驱动系统及应用

轮毂电机驱动系统将电机安装在车轮内，可以解决电机与独立悬架的布置难题，减小纯电动汽车底部的空气阻力，保证空气可以顺畅通行。除此之外，轮毂电机驱动系统还能节省大量传动部件，支持多种复杂的驱动方式。轮毂电机驱动系统由两部分构成，一是外转子轮毂电机驱动系统，二是内转子轮毂电机驱动系统。

（1）外转子轮毂电机驱动系统

外转子轮毂电机驱动系统是在车轮的轮辋内安装外转子电机，可以直接驱动车轮带动车辆行驶，不需要借助减速机构。这种系统的结构更加紧凑，运行效率以及比功率更高，可以在较短的时间内做出反应。

纯电动汽车在起步及加速阶段需要较大的转矩，也就是说在纯电动行驶状态下，外转子轮毂电机需要为车辆提供大转矩，以满足车辆的动力要求。如果外转子轮毂电机驱动系统没有采用中间减速机构，外转子轮毂电机必须具备较大的转矩与较大的转速调节范围，让车辆保持较好的动力。

外转子轮毂电机在运行过程中会产生较大的冲击力，振动幅度也比较大，对车轮轮辋和车轮支承的坚固性与可靠性提出了较高的要求。随着非簧载质量的加大，车辆悬架系统的弹性元件和阻尼元件要不断优化，以保证车辆的舒适性，带给乘客更优质的乘车体验。另外，汽车车轮的大小也会对电机输出转矩和功率产生影响，导致外转子轮毂驱动系统的成本增加。

（2）内转子轮毂电机驱动系统

外转子轮毂电机在起步、加速阶段需要较大的转矩，为了满足车辆的动力需求，必须增加电机的体积和质量，导致非簧载质量增加，在有限的车轮轮辋空间内，电机布置比较困难，无法很好地保证车辆行驶的稳定性。外转子轮毂电机驱动系统的这些缺点可以通过内转子轮毂电机驱动系统来弥补。

内转子轮毂驱动系统将内转子电机安装在车轮的轮辋内，同时安装减速机构。内转子轮毂驱动系统允许电机高速运行，电机的最高转速能够达到4000~20000转/分，比功率较高，对电机的其他性能没有特殊要求。

在减速机构的作用下，内转子电机的输出轴直接与车轮驱动轴连接，使得电机轴承不需要直接承载车轮与路面的载荷，进一步优化了轴承的工作环境。内转子轮毂驱动系统利用固定速比的行星轮减速器代替传统的减速机构，使得系统的调速范围与输出转矩变得更大，从而达到减速增矩的目的，保证电动汽车在低速行驶的状态下能够获得较大的转矩，同时解决大型电机在尺寸有限的车轮内的布置问题，以满足电机的性能要求。

纯电动汽车按照供电方式可以分为四种类型，分别是电池单独驱动式纯电动汽车、超级电容单独驱动式纯电动汽车、复合电源驱动式纯电动汽车和双源驱动式纯电动客车。具体分析如下。

2.1.3　电池单独驱动式纯电动汽车

◆电池单独驱动式纯电动汽车概述

电池单独驱动式纯电动汽车指的是将车载储能系统作为驱动电机运转以及车辆行驶的唯一动力，其驱动系统主要包括动力电池、控制器、电驱动装置等部分。其中，电池是驱动车辆行驶的唯一能量源。车辆在正常行驶状态下，驾驶员踩下加速踏板，这一信号传输至控制器，控制器就可以根据车辆的控制算法得出驱动电机的需求功率，控制电池输出相应功率，从而驱动车辆行驶。在车辆制动时，驾驶员踩下制动踏板，动能转化为电能，电机处于发电状态，产生的电能被电池回收。

◆电池单独驱动式纯电动汽车的特点

电池单独驱动式纯电动汽车的特点主要表现在以下两个方面，如表2-6所示。

表 2-6　电池单独驱动式纯电动汽车的特点

序号	特点
1	车辆结构比较简单，控制系统不是太复杂，维护成本、使用成本都比较低，而且可以实现零排放
2	电池充放电的电流不能过高，所以充电时间比较长，能量回收效率比较低，而且车辆续航里程比较短，总体来看电池的比能量、比功率相对较低，能够行驶的工况条件有限

基于这两大特点，电池单独驱动式纯电动汽车主要适用于短距离通勤及家庭用车。

纯电动汽车续航里程的增加有赖于动力电池重量和体积的增加，因此，从某种程度上说，动力电池的布置也会对纯电动汽车的性能产生重要影响。为了保证安全，动力电池一般布置在车辆的底盘区域，以免汽车前舱碰撞时出现变形进而引发危险。动力电池在布置时要考虑很多问题，包括驾驶舱和行李箱的有效空间、整车质心、前后轴荷分配、动力电池包的结构条件、内部电气部件的工作条件、布置区域间的相互连接等。

2.1.4 超级电容单独驱动式纯电动汽车

超级电容单独驱动式纯电动汽车可以接受大电流的充放电，极大地缩短了充电时间，可以有效弥补电池单独驱动式纯电动汽车不支持高频率的大电流充放电、能量回收效率低、电池比功率小、无法在各种工况条件下行驶的缺点。

◆超级电容单独驱动式纯电动汽车概述

超级电容单独驱动式纯电动汽车指的是将超级电容作为车载储能系统，驱动电机运转，带动车辆行驶。超级电容单独驱动式纯电动汽车驱动系统主要包括以下几个部分，分别是超级电容、控制器、电驱动装置等。其中，超级电容是唯一的能量源。在车辆正常行驶过程中，驾驶员踩下加速踏板，这一信号传输至控制器，由控制器计算得出驱动电机的需求功率，指挥超级电容为车辆提供相应功率，以满足车辆行驶需求。制动时，驾驶员踩下制动踏板，驱动电机发电，产生的电能由超级电容回收。

相较于同尺寸的电池，超级电容能够储存的能量较少，但因为可以高速率地充放电，所以超级电容的功率性能要好很多。因此，对于纯电动汽车企业来说，将超级电容作为动力源是一种比较好的方案。

◆超级电容单独驱动式纯电动汽车的特点

超级电容单独驱动式纯电动汽车具有以下特点，如表2–7所示。

表2–7 超级电容单独驱动式纯电动汽车的特点

序号	特点
1	超级电容清洁、安全、结构简单、质量小、体积小、无须维护
2	超级电容纯电动汽车充电时间短，最多只需要十几分钟
3	超级电容在充放电的过程中不会发生电化学反应，充放电循环可以达到500000次，相较于动力电池组的100次来说，超级电容的充放电寿命要长很多

续表

序号	特点
4	超级电容纯电动汽车可以在-40℃~70℃工作，而动力电池组很难适应高温与低温环境
5	超级电容在工作过程中没有运动部件，不需要频繁维护

总而言之，超级电容纯电动汽车的可靠性要高很多。超级电容的能量密度比较小，一次充电的续航里程比较短，但充电速度快，充满电之后可以立即启动行驶，因此目前超级电容单独驱动式纯电动汽车主要用在固定线路的公交路线上，只要在固定线路的某个地方建一个充电站即可。充电站的建设成本要比加油站的建设成本低很多。

2.1.5 复合电源驱动式纯电动汽车

综上所述，电池与超级电容都有缺点，电池的缺点在于功率密度较低，作为纯电动汽车唯一的动力源会导致车辆的续航里程较短，而且电池的使用寿命较短；超级电容虽然有很多优点，但能量密度较低，作为纯电动汽车唯一的动力源同样存在续航里程短的问题。因此这两种电源都不是纯电动汽车最理想的动力源。

为了解决上述问题，有研究人员开始尝试将电源系统的功率需求和能量需求解耦，对这两个指标进行单独设计。由于超级电容在功率型指标方面表现优异，动力电池在能量型指标方面表现较好，所以研究人员尝试将这两种储能元件相结合，打造一个复合能源系统，以解决纯电动汽车电池使用寿命短、续航里程短等问题。

◆复合电源驱动式纯电动汽车概述

复合电源驱动式纯电动汽车将超级电容与动力电池整合在一起，满足纯电动汽车对电源高能量密度和高功率密度的双重要求，并通过对功率的合理分配提高车辆的整体性能。复合电源驱动式纯电动汽车的驱动系统主要包括动力电池、超级电容、DC/DC变换器、控制器、电驱动装置等几个部分。

超级电容与电池相连的拓扑结构有很多种，下面我们对比较常用的一种拓扑结构进行具体分析，即超级电容通过双向DC/DC变换器串联后与电池并联的拓扑结构。在纯电动汽车加速或爬坡的过程中，超级电容可以和电池一起为车辆提供能量，让车辆在低负荷工况下也可以发挥出最大的动力。在这个过程中，纯电动汽车的能量主要来源于电池。在车辆制动时，车辆制动产生的能量可以由超级电容回收。当超级电容的荷电状态达到限值时，剩余的制动能量由电池回收或者由电池与超级电容共同回收，以免电流过大给电池造成损伤。

◆复合电源驱动式纯电动汽车的特点

复合电源驱动式纯电动汽车对能量与功率需求进行解耦，使系统设计更加自由。在复合电源驱动式纯电动汽车的结构中，高功率型储能元件可以满足纯电动汽车对功率的需求，高能量型储能元件可以满足纯电动汽车对能量的需求。其中，动力电池提供平均功率需求，超级电容为加速、爬坡工况下的车辆提供峰值功率补偿，吸收再生的制动能量，充分发挥超级电容功率大、可以快速响应的优势，切实提高纯电动汽车的能量利用率。

由于超级电容可以为纯电动汽车提供峰值功率补偿，所以设计人员可以根据能量要求对电池进行设计，可以使用小容量的动力电池，减小电池组的规模，降低电池组的成本，同时可以借助稳定的工作电流设计出更高效的电池。

复合电源驱动式纯电动汽车的结构更加可靠，不会因为某一个电源结构出现故障导致整个车辆无法行驶。即便某一个储能部件发生故障，汽车依然可以行驶。

2.1.6 双源驱动式纯电动客车

城市无轨电车以电为能量源，做到了零排放、零污染，但对线网有很强的依赖，受线网约束无法随意更改行驶路线，而且密布的线网也对市容造成了不良影响。在行程比较短的情况下，双源驱动式纯电动客车可以脱离线网行驶，在线网中运行时又可以通过线网对电池组充电，可以有效降低城市无轨电车对线网的依赖。

◆双源驱动式纯电动客车概述

双源驱动式纯电动客车可以以电车线网的电能为动力源驱动车辆行驶，又可以在脱离电车线网的状态下利用车载电源驱动车辆行驶。双源驱动式纯电动客车驱动系统主要由以下几部分构成，包括动力电池、线网、控制器、电驱动装置等。

双源驱动式纯电动客车在线网中行驶时可以利用电网提供的能量驱动车辆行驶。在这种情况下，如果电池的荷电状态低于限值，可以利用线网充电。当车辆脱离电网时，可以以车载电源为动力继续行驶。

双源驱动式纯电动客车有很强的机动性，可以用来解决城市发展过程中因城市布局、道路调整、道路改建导致的局部无轨电车线网拆除，无轨电车无法正常运营的问题。此外，双源驱动式纯电动客车还可以增加车辆的续航里程，可以作为一种理想的城市公共交通工具推广应用。

◆双源驱动式纯电动客车特点

双源驱动式纯电动客车的特点主要表现在以下三个方面，如表2–8所示。

表 2–8　双源驱动式纯电动客车的特点

特点	具体表现
灵活性强	无轨电车发生故障后，后方的有轨电车无法绕行，很容易发生交通堵塞。采用双源无轨电车，电车可以脱离电网以车载电源为动力继续行驶
运营成本低	双源无轨电车可以搭配小容量的电池，而且可以使用城市中原有的无轨电车的电网，实现在网充电，防止电池过度使用，有效延长电池的使用寿命
资源利用率高	双源快充纯电动客车可以充分利用现有的电网，共享网线充电，实现多线路运行，通过对不同容量的动力电池进行模块化配置以及智能在线快充管理，提高电网的利用率。动力电池挂网智能快速充电可以有效节约基础设施用地，壮大纯电动客车的运营规模

2.2　混合动力汽车：双轮驱动汽车新变革

混合动力电动汽车（Plug-in Hybrid-Electric Vehicle，PHEV）指车上装有两个动力源的汽车，这两个动力源分别是内燃机发动机和电动发动机。在车辆起步、低中速行驶、匀速行驶、加速行驶、高速行驶、减速行驶或者刹车等状态下，这两种动力源会分别工作或者形成合力，通过内燃机功率调配、能量转换、制动能量回收等手段达到节能减排的目的。

混合动力电动汽车在电量充足的情况下，车辆启动或低速行驶时，完全依靠电动机驱动。如果车速加快，就会调整为发动机驱动。在坡道行驶或者急加速行驶状态下则由发动机和电动机共同驱动，其优缺点如表2-9所示。

表2-9　混合动力电动汽车的优缺点

优缺点比较	具体内容
优点	（1）混合动力电动汽车可以在刹车时回收动能，将其转化为电能存储在动力电池中，或者可以利用车辆在行驶过程中发动机产生的多余功率驱动发电机为动力电池充电，无须担心电力耗尽问题。正因如此，丰田汽车才会喊出“不需要充电”的口号 （2）混合动力电动汽车在低速行驶过程中，在混动启动状态下不需要“热车”
缺点	（1）动力电池容量较小，例如，雷克萨斯CT200h的动力电池容量为6.5安培小时，在纯电动模式下，车辆的续航里程只有3公里 （2）因为增加了电驱系统，所以车辆的售价较高，并且不在新能源汽车补贴目录内，无法享受补贴

按照驱动系统中内燃机与电池的连接关系，混合动力汽车可以分为三种类型，分别是串联式混合动力汽车、并联式混合动力汽车和混联式混合动力汽车。下面我们从工作原理、优缺点等角度切入对这三种类型的混合动力汽车进行探究。

2.2.1 串联式混合动力汽车

◆串联式混合动力汽车的工作原理

串联式混合动力汽车主要由发动机、发电机、电动机与动力电池等部件组成，这些部件以串联的方式组合在一起。其中，发动机和发电机直接连接，共同组成辅助动力装置，在车辆行驶过程中协同工作。发动机不直接为车辆提供驱动力，而是先将汽油的内能转化为热能，再转化为动能驱动发电机运转，由发电机将动能转化为电能储存到车载动力电池组中，然后利用车载动力电池组中的电能驱动发电机做工，带动驱动轮运转，驱动车辆行驶。

串联式混合动力汽车只有一条能量传导路线，串联式混合动力系统中的电动机承担着传统内燃机车发动机的功能，电池相当于传统内燃机车的油箱。虽然串联式混合动力汽车配备了发动机，但发动机的功能被弱化，只有在电池电量不足时才会启动，将汽油的内能转化为电能为电池充电。如果电池电量充足，发动机则处于休息状态。因此，在串联式混合动力系统中，发动机的主要功能是增加车辆的续航里程，因此串联式混合动力汽车又被称为增程式混合动力汽车。

◆串联式混合动力汽车的优缺点

串联式混合动力汽车的优缺点如表2–10所示。

表2–10 串联式混合动力汽车的优缺点

优缺点	具体内容
优点	（1）发动机不直接为车辆提供动能，直接由电子控制单元（Electronic Control Unit，ECU）控制，可以长时间甚至永远保持最佳工作状态，不仅可以提高能源利用效率，而且可以减少碳排放 （2）串联式动力系统结构比较简单，研发成本较低
缺点	（1）串联式混合动力汽车只能在电动机的驱动下行驶，所以对电动机的功率要求较高，再加上车辆长时间处于纯电动状态，所以对电池容量的要求也比较高，导致电池组的总体重量比较大，再加上发电零部件及其他配套部件的重量，导致整车的重量较大，无法满足车辆轻量化的发展要求 （2）因为发动机不直接为车辆提供驱动力，发动机的能量要传导至发电机，中间经过几轮传输导致能量损失比较严重

2.2.2 并联式混合动力汽车

并联式混合动力汽车的核心部件有三个，分别是发动机、电动机与电池，这三个部件以并联的方式连接在一起。其与串联式混合动力系统的不同之处在于，并联式混合动力系统中的发动机与电动机都可以直接为车辆提供动能，驱动车辆行驶。具体来看，并联式混合动力系统有三种工作模式：

第一，发动机单独工作将机械能传导至车辆的驱动轮；

第二，电动机独立工作为车辆提供动能，驱动车辆行驶；

第三，发动机与电动机共同工作，为车辆提供更强劲的动力，满足车辆高速行驶需求。

总而言之，并联式混合动力系统就是分别保有两套独立的动力总成，这两套动力总成既可以独立工作，又可以协同工作，共同驱动车辆行驶。并联式混合动力汽车的优缺点如表2-11所示。

表 2-11 并联式混合动力汽车的优缺点

优缺点	具体内容
优点	（1）发动机可以直接为车辆提供动能，将能量传导至车辆的驱动轮，减少能量传输与转换过程，从而减少能量损失。如果车辆处于发动机单独工作状态，车辆的能量损耗与传统内燃机车的能量损耗相差无几 （2）在并联式混合动力系统中，电动机发挥着两种功能，既是发电机，又是电动机，可以降低车辆的生产成本，降低整车结构的复杂性，满足车辆轻量化要求 （3）因为发动机可以独立工作，为车辆提供动能，所以对电池容量没有太高要求，车辆可以搭载容量较小、体积较小的电池，同样可以降低车辆的生产成本、整车结构布置难度以及车辆自重 （4）并联式混合动力系统不需要将能量转换为电能储存起来，所以车辆可以搭载功率更小的发电机，同样可以达到降低成本与车辆自重、减小车辆结构布置难度的目的 （5）并联式混合动力汽车也可以在纯电动模式下行驶，实现节能减排

续表

优缺点	具体内容
缺点	（1）并联式混合动力系统的主要动力源是发动机，电动机只起到辅助作用。因此在纯电动模式下，车辆的行驶速度较慢，续航里程也比较短 （2）并联式混合动力系统的组件比较多，车辆结构比较复杂，对能量管理系统设计以及车辆结构布置提出了较高的要求 （3）在并联式混合动力系统中，发动机无法长时间处于高效工作状态，对发动机工作模式与状态调整及优化提出了较高的要求 （4）目前，混合动力汽车研发的一个重要出发点就是省油，但目前市面上很多并联式混合动力汽车在燃油经济性方面的表现并不好，这些车辆设计的出发点是机械性能与车辆的加速性能，经常将车辆置于发动机与电动机协同工作模式，让车辆突破传统燃油汽车的性能极限，获得更好的驾驶体验，从而忽略了节能减排

2.2.3 混联式混合动力汽车

混联式混合动力汽车的组成部分主要包括能量分配单元、内燃机、动力电池组、电动机及发电机，这些部分以串联、并联混合的方式组合在一起，其工作原理与优缺点分析如下。

◆混联式混合动力汽车的工作原理

与串联式混合动力系统和并联式混合动力系统的不同之处在于，混联式混合动力系统拥有一个动力分配系统，这个系统主要由行星轮组组成，可以对发动机产生的动能进行分配，可以将发动机产生的所有动能用于驱动车辆行驶，也可以将发动机产生的所有动能用来对发电机的电池充电，还可以对发动机产生的能量进行分配，将一部分能量用于驱动车辆行驶，另一部分能量用于对发电机的电池充电。当然，电动机电池的电能也可以驱动电动机带动车辆行驶。

整车功率控制单元（Power Control Unit，PCU）可以调整发电机的工作状态，对发动机产生的动力进行合理分配。基于这一特性，混联式混合动力系统不仅可以通过串联的方式传导动能，还可以通过并联的方式达到动力耦合的效果。这样一来，混联式混合动力系统就具备了串联式与并联式两种工作模式，也集成了这两种模式的优点。

◆混联式混合动力汽车的优点

在串联式混合动力系统中，发动机与动力驱动系统相互独立，发动机只承担为发电机提供动力的功能，导致能量在转换传输的过程中出现大量损耗；并联式混合动力系统的发动机可以直接驱动车辆行驶，但很难对发动机的工作状态进行优化调整，很难达到节能减排的目标。而混联式混合动力系统不仅整合了串联式混合动力系统和并联式混合动力系统的优点，还弥补了这两个系统的缺点。在混联式混合动力系统中，发动机可以直接驱动车辆行驶，又保留了提供并联的驱动渠道，最终实现了综合化、集成化。

混联式混合动力系统的调配策略是：当车辆处于低速行驶状态时，对动能需求较低，系统可以切换到串联式的工作状态，通过电动机为车辆提供驱动力；当车辆处于高速行驶状态，且行驶状态比较稳定时，系统可以切换到并联式的工作状态。

也就是说，混联式混合动力系统集成了串联式与并联式混合动力系统的优点，一方面可以保证发动机长时间处于最佳工况与最高效能区间，或者直接停机，另一方面可以保证发动机做功产生的动能直接作用于车轮，为车辆向前行驶提供动能，减少能量在传输过程中的损耗。总而言之，混联式混合动力系统将串联式混合动力系统与并联式混合动力系统的优势最大化，既达到了节能减排的目的，又满足了燃油经济性的要求。

在最新的一项测试中，混联式混合动力汽车的燃油节省率达到了39%。同时，相较于串联式混合动力系统来说，混联式混合动力系统的动力总成规模更小，可以降低车辆的生产成本，迎合整车轻量化的发展趋势。

◆混联式混合动力汽车的缺点

混联式混合动力汽车的缺点主要表现在以下几个方面：第一，因为混联式混合动力汽车需要搭载两套动力系统，所以需要搭配一些组件对两套动力系统进行协调，导致整车布局难度较大，车辆研发成本较高；第二，混联式混合动力汽车对ECU和功率控制单元的调控能力提出了较高的要求，需要根据车辆的不同状态设计不同的能量分配策略，在一定程度上增加了开发难度。目前，在能量分配装置领域，丰田公司研发出一种通过行星轮组进行能量分配的方法。至于其他方法，暂时还没有出现。

2.2.4 插电式混动VS增程式混动

随着汽车技术不断进步，再加上新能源政策的加持，新能源汽车凭借节能、环保等优势迅速侵占传统燃油车市场，成为很多人的购车新选择。市场的不断扩张也反作用于新能源汽车的发展，推动新能源汽车的技术不断进步，续航里程不断增加，相比最早的纯电动汽车，近两年兴起的混合动力车型逐渐成为新能源汽车市场的主流。

混合动力车型众多，其中又以油电混合车型为主，主流的油电混合方式有插电式混合动力和增程式混合动力两种。这两种混合动力汽车都属于新能源汽车，由于是油电混动，因此相比纯电动汽车来说，在使用过程中不必为续航里程太过担忧。那么同是混合动力车型，它们之间有什么区别呢？

插电式混合动力和增程式混合动力是按照驱动动力来源进行划分的。车辆的驱动来源主要有两种，即燃油驱动的发动机和电力驱动的电动机。插电式和增程式混合动力车型都同时包含发动机和电动机，两者的区别主要在于动力来源。

◆插电式混合动力

插电式混合动力的原理是在传统燃油车的基础上，加入一套电力驱动系统，也就是说，它既有传统燃油车的发动机，又有电动车的电动机，而且两套驱动系统既可以协同驱动车辆，也可以各自单独驱动车辆。这样一来，插电式混合动力汽车就有了三种工作模式，即纯电模式、纯油模式和油电混合模式。简单来说就是可以有电时用电，没电时用油，需要提升动力性能时可以发动机和电动机一起工作，代表车型是比亚迪秦。

插电式混合动力车型的电动续航里程可以达到80~100公里，特别适合短途行驶，尤其是城市通勤。插电式混合动力车型的电动续航里程基本可以满足人们一天的上下班需求，而且在电量不足时，还可以像纯电动汽车一样采用充电的方式补充电能。所以在短途电动模式下，插电混动车型可以实现零油耗。

而在长途行驶过程中，如果遇到电池没电或无法充电的情况，可以切换至燃油状态继续行驶，不必担心续航里程问题。此外，由于插电式混合动力可以两套驱动系统同时工作，因此，在汽车动力方面表现也很出色。但是由于在一辆车上集成了两套动力驱动系统，不仅结构更为复杂，成本也会有所增加，同时车身自重也更大，在没有电的情况下，油耗比普通燃油车更高。

◆增程式混合动力

增程式混合动力汽车虽然也同时搭载了发动机和电动机，但是它的主要动力来自电动机，发动机不直接参与驱动车辆。增程式混合动力汽车的工作原理是通过发动机发电为电动机提供电力，再由电动机驱动车辆，以达到节能减排的目的。发动机只是用来发电，相当于车辆自带了一个汽油发电机。

增程式混合动力汽车在电量充足时，可以采用纯电模式驱动，但是当电量不足时，发动机就会启动为电动机提供电能，由于发动机可以持续发电为电动机提供电力支持，所以续航里程也有大幅提升，在很大程度上缓解了用户长途行驶时的电量焦虑。增程式混合动力的代表车型是理想ONE。

因为发动机不直接参与车辆驱动，所以增程式混合动力车型可以省去传统燃油车的变速器，和插电式混动车型相比，结构更加简单，成本也相对较低。但是增程式混合动力汽车的效率并不高，同样也是因为发动机不直接参与驱动，而是需要两次转换，即燃油转电和电转动力，二次转换过程势必会造成功率损失。因此，增程式混动汽车在高速行驶时，由于功率转换损失，其油耗普遍高于普通燃油车。

2.3 燃料电池汽车：赋能汽车低碳化转型

2.3.1 燃料电池汽车的工作原理

燃料电池汽车（Fuel Cell Vehicles，FCV）是通过将氢气和氧气发生化学反应产生的能量转化为电能，作为主要动力源驱动的汽车。从本质上来看，燃料电池汽车属于电动汽车的一种。与普通的电动汽车相比，燃料电池汽车与其他车辆的控制系统、动力传动系统以及外观几乎没有区别，二者的主要区别在于“电池”的工作原理不同。

燃料电池汽车的“电池”主要是氢氧混合燃料电池，通过电化学反应将化学能转化为电能。由于动力电池进行电化学反应使用的还原剂为氢气，所以氢气即燃料电池汽车的补充燃料，可以采用金属氢化物、压缩氢气以及液化氢等形式存储。在叉车等特殊的工业领域，甲烷和汽油等也可能作为燃料电池汽车的燃料。

燃料电池汽车的优点是具备普通纯电动汽车的所有优势，而且加氢过程耗时短、速度快，氢气与氧气发生化学反应不会产生任何污染，符合低碳绿色的要求；缺点在于我国目前氢气产量有限，而且氢气存储不易，加氢站建设成本比加油站、充电站建设成本高很多，而且氢气需要高压存储，存在一定的安全隐患。

作为燃料电池汽车的动力电池，燃料电池与一般的电动汽车电池有比较大的区别。实际上，燃料电池的形式并非固态，输出能量的方式与内燃机类似。

在氢气和氧气通过化学作用产生电能的过程中，燃料在燃料电池的阳极进行氧化，氧化剂在燃料电池的阴极还原。要连续不断地产生电能，就需要在燃料电池的阳极（也可以称作燃料极，是外电路的负极）持续进行气态燃料（氢气）供给，而在燃料电池的阴极（也可以称作空气极，是外电路的正极）持续进行氧气（或空气）供给，通过连续的电化学反应产生稳定的电流。

从上述燃料电池的工作原理不难看出，燃料电池的燃料和氧化剂并非储存于电池内部，而需要储存于特殊的储罐当中。当汽车需要燃料电池供能时，需要连续不断地进行燃料和氧化剂的输入。所以，燃料电池的工作方式与常规的汽油或柴油发电机的工作方式非常相似。

由于车辆运行需要不间断地向电池送入燃料和氧化剂通过电化学反应供能，所以燃料电池使用的燃料和氧化剂应该采用液体或气体等流体形式。目前，燃料电池使用的燃料通常为甲醇水溶液等液体或氢气等气体，常用的氧化剂为过氧化氢和硝酸的水溶液等液体以及纯氧、净化空气等气体。

燃料电池的阳极一方面作为燃料和电解液的公共界面，能够对燃料的氧化起到一定的催化作用；另一方面则能够在同一时间经过集流板或直接将反应过程产生的电子传输至外电路。燃料电池的阴极一方面作为氧和电解液的公共界面，能够对氧气的还原起到一定的催化作用；另一方面则能够在同一时间将外电路产生的电子传输至氧电极的反应部位。

燃料电池的阴阳两极作为发生反应的公共界面，一般采用涂有电催化剂的多孔材料，可以在一定程度上加快反应速率。燃料电池的电解质不仅能够输送燃料电极和氧电极发生反应产生的离子，还能够组织电子直接在电极之间传递。燃料电池的隔膜采用的一般是具有良好耐润湿性且抗电解质腐蚀和绝缘的材料，以便能够在传导离子的同时阻止电子在电极间直接传递，并分隔氧化剂与还原剂。

作为一种化学电池，燃料电池将化学反应产生的能量转化成电能，与铅蓄电池、锌锰干电池等化学电池具有一定的相似性。但同时，燃料电池发挥功能需要以燃料和氧化剂的持续供给为前提，因此又与普通的化学电池具有比较大的区别。另外，与内燃机相比，普通内燃机是通过汽油、柴油提炼燃料产生热能进行供能，而燃料电池是通过化学反应产生能量转化为电能，所以燃料电池的发动机与传统的内燃机也不同。

2.3.2 燃料电池汽车的关键技术

与传统汽车相比，电动汽车对环境的影响相对比较小，因此其拥有比较广阔的发展前景。虽然能源问题是发展电动汽车关注的重点，但电力驱动以及车身结构等方面同样不容忽视。电动汽车的发展与化学技术、信息技术、电子技术、自动化技术以及电动技术等技术的进步密切关联。

由于电动汽车的能源管理系统有待进一步优化，因此电动汽车相比内燃机车续航里程更短。为了提高电动汽车车载能量的利用率，需要对其能量管理系统进行完善。而完善能量管理系统的一个重要方式就是在车辆的各个子系统中加装传感器，尽可能全面地收集与车辆运行相关的信息，为能源供给和分配提供指导。具体来看，电动汽车可以加装的传感器包括外部气候和环境传感器、加速度传感器、车速传感器、电动机的电流电压传感器、充放电时间的电流电压传感器以及车内外温度传感器等。通过加装传感器，电动汽车的能源管理系统可以实现以下功能，如表2–12所示。

表 2–12 电动汽车能源管理系统的功能

序号	功能
1	对车辆运行系统的能量流进行优化
2	对剩余能源可供的续航里程进行预估
3	根据采集的信息提供有效操作参考

续表

序号	功能
4	获取制动能量存入蓄电池等储能元件
5	根据采集的环境温度数据调节车辆温度
6	根据采集的环境光线数据调节灯光亮度
7	计算最优充电方式
8	对蓄电池等能源的工作记录进行分析
9	对能源的操作进行分析和诊断

此外，电动汽车还可以通过加装传感器等设备将导航系统与车辆的能源管理系统相结合，更加科学合理地规划车辆的行驶路径，提高能源的利用率；也可以通过对充电站的位置以及实时交通状态进行分析，对车辆剩余可行驶里程进行预估。总之，电动汽车可以借助先进的技术和工具让车辆的能源管理系统更加灵活，拥有更多功能。

◆燃料电池

虽然从本质上看燃料电池汽车是一种电动汽车，但由于燃料电池能够提供的能量的多少主要取决于燃料箱中燃料的多少，而非电池本身的尺寸，使得燃料电池汽车能够拥有与燃油车等同的续航里程。与传统的燃油车或普通的电动汽车相比，燃料电池汽车是众多新兴技术综合的产物，涉及新材料、新能源、计算机、化学电源、自动控制、功率电子、电力拖动等技术的最新成果，而要进一步推动燃料电池汽车技术成熟，让燃料电池汽车实现大规模、产业化推广应用，需要解决系统优化、测试技术、车身和底盘设计、电动机控制以及燃料电池等多方面的问题。

◆燃料电池新技术

由于燃料电池是通过氢和氧的电化学反应产生能量为汽车供能，所以与以往汽车的供能方式相比，这种供能方式更加清洁。不过，由于受到氢储存技术的制约，燃料电池能够驱动车辆行驶的续航里程仍然不够理想。根据测试，燃料电池汽车样机能够行驶的最远距离为322公里。

在外界环境不变的情况下，如果希望通过提高氢的储存量增加燃料电池汽车的行驶距离，以483公里为例，大约需要附加一个体积为双层巴士大小的燃料电池，显然不具有可行性。假设通过改变氢的储存形式，将氢气压缩储存在钢瓶里或将液化的氢气存储在罐里，也会面临无法解决的质量和体积问题。

◆驱动电机技术

为了尽可能提升氢能源的利用率和燃料电池汽车的续航里程，有效应对车辆装备质量方面的问题，需要尽可能提高电力驱动系统的效率和功率质量比，促使电动汽车的驱动电机小型化，提高驱动电机的运转速度、运转效率以及功率。目前电动汽车使用的驱动电机主要包括永磁无刷电动机（PMBLM）和感应电动机（IM）两种类型。其中，永磁无刷电动机的响应速度快、惯性低、体积小、密度和效率比较高，比较适合应用于电动汽车领域。此外，在驱动电机的设计和选择方面，应该尽可能提高电机转矩的动态性能，促使电机的转矩/转速特性与整车负载特性实现良好匹配。

◆电子控制技术

在新兴技术的驱动下，汽车未来的发展趋势将主要表现为智能化、自动化、电动化以及电子化。因此，与传统汽车一样，电子控制技术在燃料电池汽车的发展过程中具有不容忽视的价值，其中导线将代替传统的机械传动结构实现“导线转向”“导线制动”等“线操控”。

◆整车系统优化技术

与其他电动汽车类似，燃料电池电动汽车的整车系统也涉及多种技术、多个学科，是一个极为复杂的系统。因此，燃料电池汽车的整车系统在优化过程中应该尽可能地对各种相关的影响因素进行综合考量，在改进燃料电池电动汽车性能的同时进一步降低车辆设计和制造成本。

在整车系统优化的过程中，首先应该注意材料的轻量化和空气动力学等方面的影响。因为在汽车运行过程中，燃料转化产生的能量只有比较少的一部分作用于行驶的车辆中，大部分能量则因为控制系统的低效率、空气阻力、滚动阻力以及热量损失等被消耗。而汽车的重量以及空气动力学与能源的利用率密切相关，因此在进行整车设计时，应该尽可能地在不影响车辆性能的前提下追求更小的车体质量，如使用更轻的底盘等，通过减轻汽车的质量和减小汽车的体积来提高能源的利用率。

燃料电池所具有的高效、清洁等优势使得其有希望成为未来车辆的主要动力装置。不过，燃料电池发动机要真正取代内燃机的地位仍然需要解决很多技术方面的难题。

2.3.3　燃料电池汽车技术的优点

燃料电池汽车所使用的燃料一般为纯度较高的氢气或含氢燃料进行重整后所获得的高含氢重整气，通过氢气与氧气之间的化学反应产生能量并转化为电能为汽车供能。所以，燃料电池汽车与其他电动汽车的区别在于其使用的电池通过补充燃料进行发电，不需要充电。与将发动机输出的机械能转化成电能的方式相比，燃料电池供能的效率显然更高。

与传统动力型汽车以及普通电动汽车相比，燃料电池汽车的优点主要体现在以下几个方面，如图2-1所示。

（1）零排放或近似零排放，绿色环保

由于燃料电池是将化学反应的能量转化为电能，不经过燃烧过程，当燃料为纯度较高的氢气时，燃料电池生成的是清洁的水；当燃料为含氢燃料重整后获得的高含氢重整气时，反应后的生成物主要包括水和少量的二氧化碳。因此，与传统的内燃机相比，燃料电池为零排放或接近零排放，而且燃料电池的排放物不包括碳氢化物或微粒、氧化硫、氧化氮等具有污染性的物质，有效避免了温室气体排放和机油泄漏等带来的问题，对环境更为友好。

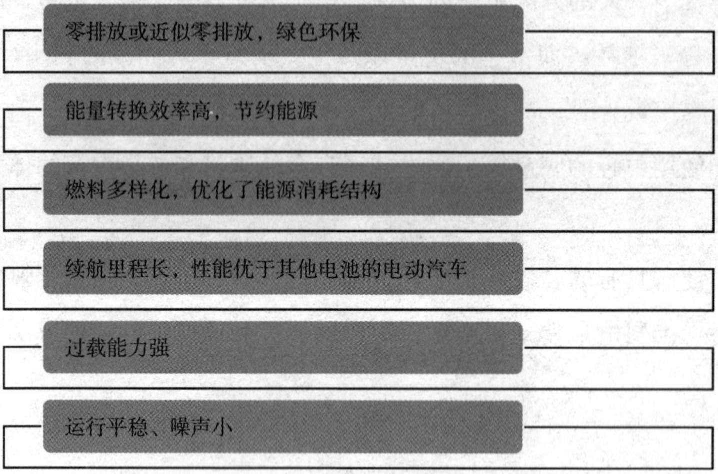

图 2–1　燃料电池汽车的优点

（2）能量转换效率高，节约能源

与传统的内燃机相比，燃料电池不需要进行热机，不经过活塞或涡轮等机械部件及中间环节，避免了热力循环（卡诺循环）等方面的困扰，不会造成过多的能量损耗。从理论上来说，燃料电池的能量转化效率可以达到100%，但在实际应用过程中，可实现的效率为60%~80%。不过即便如此，与柴油机22%~24%的能量转化效率以及汽油机16%~18%的能量转化效率相比，燃料电池的能量转化效率能够达到普通内燃机效率的2~3倍。所以，燃料电池汽车的能量转换效率更高，更节约能源。

（3）燃料多样化，优化了能源消耗结构

作为燃料电池的主要能源，氢燃料的来源非常广泛，既可以从自然界的水资源中提取，也可以从柴油、汽油、甲醇、丙烷以及天然气等可再生能源中获得。由于来源具有多样化的特点，所以氢燃料更便于加油站等现有的交通基础设施使用，不需要额外进行交通设施建设，而且有利于提升能源供应方面的安全性。此外，与传统的燃料相比，燃料电池不依赖稀有资源，优化了交通能源的消耗结构。

（4）续航里程长，性能优于其他电池的电动汽车

根据燃料电池的工作原理，燃料电池只需要携带足够的燃料，就能够随时根据需要进行车载发电。所以，从这方面来看，燃料电池汽车能够克服纯电动汽车在续航里程方面的弱点，其动力性和续航能力不亚于传统的内燃机汽车。此外，燃料电池汽车的整体性能以及成本也比使用其他类型电池的电动汽车更有优势。

（5）过载能力强

除上面提到的整体性能和续航里程等方面的优势外，燃料电池的短时过载能力也比较突出，甚至能够超过额定功率的200%，而这也使得燃料电池在爬坡、加速等工作场景中的表现比较出色。

（6）运行平稳、噪声小

与传统的内燃机等汽车装置相比，燃料电池本质上属于一种静态能量转换装置，包括冷却系统以及空气压缩机等，因此运行平稳且噪声小。

2.3.4 燃料电池汽车技术的缺点

与传统的内燃机相比，燃料电池具有多个方面的优势，所以汽车行业已经就燃料电池的未来发展前景达成普遍共识。但燃料电池应用于汽车仍然需要综合各方面的因素进行考量。

◆燃料电池汽车的制造成本和使用成本过高

燃料电池汽车商业化推广所面临的一个主要问题是燃料电池的生产成本较高。根据市场经济学的相关理论，当一个产品生产成本较高时必然不利于市场推广，而市场推广进程受阻就无法推动商家进行批量化生产，没有大规模的批量化

生产也就不利于生产成本的下降，最终造成恶性循环。根据美国能源部的计算和评估，目前燃料电池的生产成本已经有了一定程度的降低，但仍然高达500美元/千瓦。所以，降低燃料电池的生产成本已经成为推动燃料电池商业化的重中之重。

市场调查结果显示，当燃料电池的生产成本降至50美元/千瓦左右时比较容易被消费者接受。也就是说，一辆80千瓦的汽车使用燃料电池的生产成本约为3500美元才能够拥有比较可观的市场前景。不仅如此，燃料电池除生产成本较高外，还面临着使用成本过高的问题。虽然氢气是一种比较理想的清洁型能源，但其售价却并不为普通消费者所接受，因此燃料电池汽车的运行成本也比较高。

◆启动时间长，系统抗震能力需提高

在启动时间方面，与传统的内燃机汽车相比，燃料电池汽车也存在明显的短板。以甲醇或者重整汽油为燃料的燃料电池汽车的启动时间大约为10分钟，以氢气为燃料的燃料电池汽车的启动时间也在3分钟以上。不仅如此，燃料电池汽车的系统抗震能力也不够理想，受到一定的冲击或震动时，汽车内部管道的连接点可能会受影响，使得管道的密封性不够可靠，造成一定程度的泄漏，甚至会引发较为严重的安全事故。

◆纯氢燃料的获取存在一系列技术难点

氢气作为燃料电池汽车的补充燃料，只有能够以再生能源的特点进行便捷且廉价的产出时，才能够从根本上解决燃料电池的燃料问题。但是，关于如何经济且无污染地获取纯氢燃料仍然存在一系列技术难点。

自然界中的氢虽然广泛存在于水中，资源比较充裕，但通过电解或加热的方式进行分离的成本比较高；而化石燃料中的氢，即使可以利用改质或重整技术提取，但这种办法无法从根本上摆脱对化石能源的依赖，而且提取过程需要消耗大量的能量，无可避免地对环境造成破坏。

除了上面提到的两种方式外，还可以利用太阳能获取纯氢燃料。例如，通过太阳能生物制氢、阳光催化光解水制氢、太阳能发电电解水制氢、太阳能分解水制氢等，但是这些方法仍然存在许多技术障碍。

◆燃料供应方面的技术问题有待进一步解决

一般情况下，氢燃料的存储和运输主要有两种方式，即高压气态的氢和液态的氢。

以高压气态形式存储的氢需要借助压缩气罐进行储存，这也就使得在不影响运行的前提下，电动汽车能够携带的氢燃料比较有限，最大续航里程约为150公里，相比蓄电池驱动的汽车并无优势。而且，氢气作为一种小分子气体，如果泄漏可能会造成严重的安全事故。而液态形式的氢在-253℃的条件下储存的深度制冷技术仍不成熟，难以满足车辆燃料供给需求。

◆供应燃料辅助设备复杂，且质量和体积较大

以氢气为燃料的燃料电池汽车，氢气的存储需要借助符合低温、高压条件和具备防护功能的特制的储存罐，而这种储存罐的质量和体积较大，不便于汽车携带。而对于以甲醇或者汽油为燃料的燃料电池汽车，燃料重整的过程可能含有使催化剂“中毒”失效的少量有害气体，使得该类燃料电池汽车需要配备相应的净化装置，进一步提升了燃料电池汽车工艺和结构方面的复杂性。

◆加氢站等基础网络设施建设几乎为零

对于采用氢燃料的燃料电池汽车而言，其正常运行需要建设加氢站等基础设施。但目前全球范围内已经建成的加氢站数量较少，而且主要用于科研和试验。与燃料电池涉及的成本和技术等方面的问题不同，相关配套设施建设并非企业可以独立解决，还需要有国家政策、产业链条以及基础设施建设的支持。例如，加氢站的大规模建设不仅需要以完善的行业标准和规范为前提，而且涉及电力、交通、城市规划等方面的问题。

第3章 整车控制器：新能源汽车的核心大脑

3.1 整车控制器：整车控制系统核心部件

3.1.1 整车控制器的结构原理

对于电动汽车而言，整车控制器不仅是车辆控制系统的核心部件，也是决定车辆正常运行的控制中枢，是实现车辆状态监视、故障诊断处理、再生制动能量回收等功能的主要控制部件，主要由软件和硬件两部分组成。一般情况下，整车控制器的核心软件和程序由汽车生产厂商提供，硬件和底层控制程序由汽车零部件商提供。

目前，对于电动汽车整车控制器的研究仍然以轮毂电机驱动的纯电动汽车为主要研究对象。就携带单个电机的纯电动汽车而言，其整车控制往往是借助电机控制器实现的，没有配备整车控制器。现阶段，博世等国外大型企业都已经能够提供比较成熟的整车控制器方案。

纯电动汽车的整车控制系统一般包括以下两种方案。

（1）集中式控制系统

集中式控制系统的主要逻辑是整车控制器独立完成系统控制，具体包括采集输入的信号、依据既定策略分析和处理相关数据、对执行机构发送控制指令、驱动车辆行驶。

集中式控制系统的优点是成本低、响应速度快、处理集中；缺点是散热困难、电路较为复杂。

（2）分布式控制系统

分布式控制系统的主要逻辑是整车控制器在采集驾驶员传输的部分信号后，经由CAN总线分别与电池管理系统以及电机控制器进行通信，电池管理系统和电机控制器再将采集到的所有信号经由CAN总线传递给整车控制器；然后整车控制器在所有信息的基础上，基于已有的控制策略分析和处理相关数据，将控制指令发送至电池管理系统和电气控制器；最后二者根据各自的状态进行电池和电机控制。

分布式控制系统的优点主要表现为复杂度比较低，而且呈模块化；缺点主要是耗费的成本比较高。

从结构原理看，整车控制器系统的顶层是整车控制器，一方面需要通过CAN总线接收电池管理系统和电机控制器发出的信息，另一方面需要对车载显示系统、电池管理系统和电机控制器发送对应的控制指令。此外，车载信息显示系统负责显示车辆的实时状态，电池管理系统负责对动力电池组进行监控和管理，电机控制器负责对电机进行管理。

纯电动汽车的整车控制系统主要包括以下几部分，如表3-1所示。

表3-1　纯电动汽车整车控制系统的构成

构成部分	主要功能
微控制器模块	作为整车控制器的核心部件，微控制器模块具有可靠性高、成本低、硬件接口丰富、数据处理性能优越等特点，运行需要以对应的外部环境和整车控制器的功能为基础

续表

构成部分	主要功能
开关量调理模块	主要用途为开关输入量的电平转换和整型，两端需要分别与微控制器和多个开关量传感器连接
模拟量调理模块	一方面可以采集来自加速踏板和制动踏板的模拟信号，另一方面可以将这些信号传输至微控制器
继电器驱动模块	主要用途是对多个继电器进行驱动，一方面需要基于光电隔离器与微控制器连接，另一方面需要与多个继电器建立连接
高速CAN总线接口模块	主要用途是为高速CAN总线提供接口，一方面需要基于光电隔离器与微控制器连接，另一方面需要与系统高速CAN总线连接
电源模块	主要用途体现在三个方面，一是为微处理器和各输入、输出模块提供隔离电源，二是监控蓄电池的电压，三是与微控制器建立连接

作为电动汽车正常运行的控制中枢，整车控制器能够对车辆运行的各个环节进行监控、协调和管理，提高车辆能源的利用效率，保证车辆的可靠性和安全性。在车辆行驶过程中，整车控制器一方面可以实时采集驾驶员在驾驶过程中发出的信号，另一方面可以通过CAN总线获得电机和动力电池系统的驱动信息，在此基础上对相关的数据信息进行分析和计算，再经过CAN总线发送电池管理和电机控制的相关指令，以此实现电动汽车制动能量的回收控制、能量优化控制和整车驱动控制。

此外，整车控制器还具备整车网关及网络管理功能、完善的故障诊断和处理功能，以及综合仪表接口功能，能够显示车辆的相关状态。

3.1.2 整车控制器的基本功能

在电动汽车运行过程中，整车控制器首先需要采集挡位开关信号、制动踏板信号以及加速踏板信号等与车辆驾驶相关的信息，同时还需要经过CAN总线获得车辆电池管理系统和电机控制器方面的数据，然后在整车控制策略的指导下对所有数据和信息进行计算和处理，从而对驾驶情况和车辆运行状况做出精准全面的分析和判断，最后再经由CAN总线发送控制指令，确保车辆正常运行。

由此可见，整车控制器的基本功能主要包括以下几项，如图3–1所示。

对汽车行驶进行控制

整车的网络化管理

制动能量回收

整车能量管理和优化

车辆状态监测和显示

故障诊断与处理

外接充电管理

诊断设备的在线诊断和线下检测

图3–1　整车控制器的基本功能

（1）对汽车行驶进行控制

电动汽车驱动电机的运转只能是由车辆驾驶人员主动进行驱动或通过制动转矩。也就是说，车辆驾驶人员操控制动踏板或加速踏板时，驱动电机便会输出驱动功率或再生制动功率。如果制动踏板或加速踏板的操控力度增加，那么驱动电机的输出功率也会相应增大。

因此，电动汽车的整车控制器需要对车辆的各个系统发送相应的控制指令，保证车辆的正常运行；需要接收来自各个系统的反馈信息，为驾驶员决策提供参考；需要对驾驶员的操控行为做出合理解释。

（2）整车的网络化管理

在电动系统的控制系统中，整车控制器既是核心组成部分，也是CAN总线的一个重要节点。在车辆的管理控制网络中，整车控制器作为信息控制中枢，需要负责网络故障的诊断与处理、网络节点的管理、车辆网络状态的监测、车辆运行信息的组织和传输等。

（3）制动能量回收

与传统的内燃机汽车相比，电动汽车的一个显著特征就是能够进行制动能量的回收。整车控制器基于对驱动电机状态、动力电池组状态以及驾驶员制动意图等的综合分析，结合相应的制动能量回收控制测量，在满足条件的情况下便可以对电机控制器发送转矩指令和电机模式指令，驱动电机进入发电状态，并在保证车辆制动性能的同时将电机制动回收的能量储存在动力电池组中。

（4）整车能量管理和优化

由于在电动汽车运行的过程中，动力电池不仅需要为车辆的驱动电机提供能量，还需要为电动附件供电。所以，为了提升能量的利用率，尽可能获得更大的续航里程，整车控制器需要对车辆的能量进行管理和优化。如在整车控制器监测到电池的SOC值比较低的情况下，整车控制器就需要对某些电动附件发出指令，通过对这些电动附件的输出功率进行限制，提升车辆的续航里程。

（5）车辆状态监测和显示

在电动汽车运行过程中，所有与车辆状态相关的数据，例如，电池温度、单体电压、总电压、电池的剩余电量、电机的工作模式，车辆行驶速度以及可能存在的故障等，都能够经过CAN总线被整车控制器实时采集和接收，上述信息还能够通过CAN总线传输至车载信息的现实系统中。

此外，整车控制器还能够通过与CAN总线上各模块进行通信对车辆状态进行监测。当CAN总线上某一节点的通信出现异常时，相关故障信息就会通过车辆的车载信息系统显示出来，车辆驾驶人员便可以采取应对措施。当发生紧急情况时，在整车控制器的监测下，车辆驾驶人员也能够及时获得准确的车辆状态信息。

（6）故障诊断与处理

整车控制系统可以对车辆的电控系统进行监测。当车辆出现故障时，驾驶人员可以根据故障指示灯判断故障类别，在获得准确、全面的故障信息后，便可以进行相应的安全保护处理或到附近的维修点进行维修。

（7）外接充电管理

对于电动汽车来说，整车控制器还能够对外接充电进行管理，具体包括电源的连接、充电过程和充电状态的监控等。

（8）诊断设备的在线诊断和线下检测

除上面提到的功能外，整车控制器还可以对设备进行在线诊断和线下监测，通过连接诊断设备进行车辆统一的诊断服务（Unified Diagnostic Services，UDS），具体内容包括控制端口的调试、故障码的读取和清除以及数据流的读取等。

3.1.3　整车控制器硬件电路设计

与传统的燃油汽车相比，电动汽车的控制系统更加复杂。由于供能方式不同，电动汽车除了具备传统汽车的功能和系统之外，还包括电机和控制系统以及动力电池系统等。而且构成控制系统的各子系统均有对应的控制单元，以保证功能和目标的实现。

作为一种交通工具，汽车需要具备驾驶性、动力性、经济性等多种特性。为了获得这些特性，汽车一方面需要具有智能化的人车交互接口，与各部件进行连接；另一方面要能够在运行过程中不断进行动态优化，而这就需要不同系统密切配合、有序协作。因此，整车控制器就承担了对车辆控制系统进行协调匹配的功能，可以对各电子控制部件进行统一管理。

从硬件电路设计层面来看，整车控制器需要涵盖传感器信号采集、负载驱动器、电源、通信以及辅助单元等几部分。

◆传感器信号采集

电动汽车整车控制器中用于进行信号采集的传感器一般包括电压型传感器、电阻型传感器和PWM信号型传感器，如表3–2所示。

表 3–2　信号采集传感器的三种类型

传感器类型	具体描述
电压型传感器	一般情况下，信号电压的数值与芯片兼容的电压范围具有一定的差别，所以用于进行信号采集的电路会将经过过滤的信号通过电阻网进行电压转换，在此基础上采集电路再进行模数转换
电阻型传感器	除确保电压平稳外，还要确保采集芯片管脚采集到的电压值合适，以及对电阻网的电阻值进行匹配
PWM信号型传感器	由于边沿的抖动可以导致采集的结果出现误差，所以采集电路还需要有滞回比较电路

◆负载驱动器

根据驱动方式的不同，负载驱动器可以分为低边驱动和高边驱动两种方式，如表3–3所示。

表 3–3　负载驱动器的两种类型

类型	具体描述
低边驱动（Low Side Driver，LSD）	借助驱动装置或电器实现闭合，进而完成驱动装置的供能。由于只通过MOS管加几个电阻、电容等就可以形成闭合电路，所以比较容易实现，而且成本相对较低，适用于电路比较简单的情况
高边驱动（High Side Driver，HSD）	直接于驱动装置或电器上通过在电源线闭合开关来实现驱动装置的使能

在不同的使用场景中，负载驱动装置的应用需要根据具体的情形而定。如应用于飞机的负载装置，为了确保运行安全，需要保持负载装置持续运行；应用于车辆的负载装置则恰恰相反。所以，在汽车发动机的控制装置中，控制油泵常见的一种开关就是HSD，当遭遇意外事故或发生故障时，关掉油泵可以有效避免车

祸发生。

◆电源

根据供电方式的不同，整车控制器的电源系统可以分为系统电源和传感器供电电源，如表3–4所示。

表3–4　整车控制器的两种电源

电源	具体描述
系统电源	一般情况下，整车控制器的主芯片和辅助芯片所需的电源数值应该是相对稳定的，一般为1.2~1.3伏、3.3伏和5伏。因此，整车控制器可以对系统电源进行集成式设计，为其匹配所需的电源供电参数和负载额定参数，以保证整车控制器核心电路工作的可靠性和稳定性
传感器供电电源	电动汽车的刹车踏板、油门踏板等电压信号型传感器正常工作往往需要由外部电源进行持续供电，而且这些电压信号型传感器需要的电流基本为50~150毫安，数值相对较小，可以采用专用芯片

◆通信

整车控制器与其他设备进行通信的中介一般是CAN总线。CAN总线又由CAN控制器和CAN物理层（收发器）组成。其中，CAN控制器集成于主芯片之上，CAN收发器以及抗干扰网络、终端电阻网络等位于尾部电路之上。此外，CAN唤醒功能的应用需要借助于具备该功能的收发器芯片。

◆辅助单元

除上面提到的部分外，整车控制器硬件的电路设计还应该包含专门的辅助单元，以实时监控重要的电子功能部件、主通信电路以及主芯片等。虽然辅助单元的功能相对较少，但其存在的价值却不容忽视，具体的功能需要依据需求而定。

3.1.4　AUTOSAR基础软件架构

汽车开放系统架构（AUTomotive Open System ARchitecture，AUTOSAR）指的是应用于电动汽车之上的嵌入式软件体系结构标准。AUTOSAR的体系架构采用的是层级式模型，即层级与层级之间连接，每一层级与下一层级之间具有接口，同时为上一层级提供服务接口。层级式模式使得硬件与软件之间具有比较强的独立性，开发成本较少，开发周期较短，而且硬件平台具有比较高的灵活性。

AUTOSAR的体系架构一般包括四层，从上到下分别为应用层（Application Layer）、运行时环境（Runtime Environment）、基础软件层（Basic Software Layer）及微控制器层（即硬件）。其中，基础软件层又可以分为服务层（Services Layer）、ECU抽象层（ECU Abstraction Layer）和微控制器抽象层（Microcontroller Abstraction Layer）。需要注意的是，AUTOSAR软件架构中并没有将复杂驱动（Complex Drivers）单独列出，这主要是因为复杂驱动主要针对复杂的传感执行器，而且没有经过标准化程序。

作为电动汽车的核心控制部件，整车控制器可以通过采集到的驾驶信息对驾驶人员的需求进行分析，并实时监测车辆的运行状态，通过对控制单元的协调，确保车辆的驱动控制、能量回收等功能运行顺畅。整车控制器基础软件的三大模块分别是开关量输入/输出模块（DI/DO）、模拟量输入模块（ADC）及通信模块（包括SPI通信及CAN通信），如表3-5所示。

表3-5　整车控制器基础软件的三大模块

三大模块	主要功能
开关量输入/输出模块	输入信号主要包括制动开关信号、挡位信号以及钥匙信号等；输出信号主要包括以水泵继电器控制信号为代表的控制继电器信号
模拟量输入模块	主要采集小蓄电池电压信号、制动踏板开度信号以及加速踏板开度信号等
通信模块	主要指电路板上不同芯片之间数据交互等内容，CAN通信模块负责整车控制器内部通信及与整车其他设备（比如网关、电池管理系统、电机控制器以及车载充电机等）的通信，功能安全的问答机制等

基于整车控制器在车辆运行中所扮演的角色，可以对软件架构和不同的功能模块进行划分，合理分配Flash存储器以及芯片的RAM等内存，对各模块的功能

和接口进行定义，从而形成基础的软件架构。从主要功能来看，基础软件架构又可以划分为驱动层、电子控制单元（Electronic Control Unit，ECU）抽象层及服务层，如表3–6所示。

表3–6　基础软件架构的三大层级

三大层级	主要功能
驱动层	主要由微控制单元（Micro Control Unit，MCU）驱动模块、通信驱动模块、存储驱动模块以及I/O 驱动模块组成。驱动层作为基础软件的最底层，一方面需要对硬件进行驱动和诊断，另一方面为接口层提供硬件资源调用服务方面的支持
ECU 抽象层	主要由CAN 接口单元以及I/O硬件抽象单元组成，对驱动层以及外围设备的驱动进行封装
服务层	主要由诊断通信、通信服务、存储器服务、系统服务（模式管理）以及操作系统内容组成，其运行和功能的实现离不开ECU 抽象层、驱动层的配合，能够为基础软件模块和应用软件提供基础服务

各个功能模块的描述如表3–7 所示。

表3–7　整车控制器基础软件各功能模块描述

模块	描述
I/O Driver	包括模拟输入输出模块、数字输入输出模块、频率输入模块及PWM输入输出模块
Flash Driver	用来对Flash内存进行读、写和擦除
NVM/EEPROM Driver	用来对EEPROM进行读、写和擦除
CAN Driver	用来实现CAN协议和数据链路层，驱动CAN收发器，同时为CCP标定模块及UDS诊断模块提供数据接口
SPI Driver	用来对控制器硬件上不同芯片之间的数据进行传输
CAN If	位于驱动层和服务层之间，用于CAN报文的发送和接收
DLAG	用于提供诊断服务、处理和储存诊断事件及相关冻结帧数据
CANNM	用于确保每个通信网络的安全和可靠性
EcuM	用于控制整车控制器各个状态机的跳转
OS	该系统在确定的时间内完成规定功能，并能够对外部异步事件做出正确响应
CCP	基于CAN总线的标定协议，用于控制系统的开发和测试
Boodoader	是嵌入式系统引导加载程序，是系统上电后运行的第1段程序

厘清AUTOSAR的基础软件架构之后，需要根据AUTOSAR软件模块的功能规范进行各个模块设计文档的编写。设计文档既要对函数返回值、外部声明、原型声明以及类型参数等函数功能接口进行定义，还要对模块的编码手段（比如C/C++ 汇编语言）进行明确。最后，设计人员在编写完各个功能模块的源代码后，应该进行动静态测试及功能测试。

3.2 系统架构：新型整车控制器关键技术

3.2.1 电子电气架构

作为典型的资金密集型和技术密集型行业，汽车产业未来的发展必将顺应电动化、智能化、网联化和共享化的趋势。而要实现这"四化"目标，电动汽车最核心的零部件——整车控制器必须具备通信带宽大、计算性能高、功能安全性强以及软件可以持续更新等特性。

汽车的电子电气架构通过系统集成化工具将所有软硬件、传感器、执行机构以及电子电气分配系统整合在一起，不仅能够满足车辆本身的功能和服务需求，还有望实现车辆与人、车辆与其他车辆以及车辆与交通设施的互联。

◆整车控制器与分布式电子电气架构

受芯片技术的影响，汽车芯片所具备的通信能力和计算能力比较有限，因此汽车的整车控制器难以集成全部的车辆控制软件，即便只是与新能源控制相关的软件也无法实现全部集成。而这也就使得整车控制器只能作为分布式电子电气架构的一部分，相关的功能变更及拓展受到很大的限制。

就汽车的分布式电子电气架构而言，车辆各个层级的功能需要大量控制器相互配合，单独的某一项功能可能也涉及分布于车辆不同网络中的多个控制器，这些控制器的交互过程相当复杂。在这样的汽车架构中，整车往往囊括数百项整车级功能和超过100个控制器，功能和控制器之间构成一张庞大而烦琐的网络，对汽车的模块设计以及拓展非常不利。在这种架构下，当车辆需要增加新的功能时就不得不考虑与上述复杂网络各部分的相关性，可能需要对控制器的软件进行大量的修改和测试。

◆整车控制器与集中式电子电气架构

随着芯片以及车载以太网等相关技术的不断发展，整车控制器对车辆控制软件集成的能力越来越强，使得分布式电子电气架构向集成化和智能化的方向发展。与分布式电子电气架构相比，集中式电子电气架构中整车控制器的位置有所不同，不仅能够真正具备车辆层级的集成型控制功能，而且其控制涉及一定的网关功能、底盘和动力等。

在汽车软件技术以及自动驾驶技术的带动下，车辆的智能化、自动化水平将不断提升。一个具体表现就是，车辆运行需要的代码数量会成倍增加。根据博世汽车预测，当车辆的自动驾驶级别为L2时，车辆运行需要的代码约为1亿行；当车辆的自动驾驶级别为L3时，车辆运行需要的代码可能为2亿~3亿行；当车辆的自动驾驶级别达到L5时，车辆完全自动驾驶需要的代码将达到10亿行。

就汽车产业未来的发展趋势看，在汽车开发过程中，相关软件研发占据的比重会不断提升，甚至可以说未来将是“软件重新定义汽车”。与硬件相比，软件更新不仅可以达到更高的频率，而且耗费的成本往往更低。在很多车辆中，软件还可以实现远程空中下载（Over-the-Air Technology，OTA）升级。软件更新可以明显改善用户感受，让用户获得“常用常新”的用车体验。而与之相匹配的整车电子电气构架也将顺应更加简化（Simplified）、便于拓展（Scalable）以及能够持续（Sustainable）三大趋势。

根据以往的经验，科技创新不仅会颠覆人们的固有认知，还可能带来相关行业的变革。正如智能手机相关技术的发展使得手机行业发生翻天覆地的变化一样，与车辆有关的技术创新也有可能使完全自动驾驶成为现实。

3.2.2 车载以太网技术

汽车高通信带宽、高计算性能、软件持续更新等特性的获得需要以创新技术的发展为支撑。例如，软件持续更新需要依托于OTA技术的发展，高计算性能离不开双核心控制架构技术的发展，而高通信带宽则推动了车载以太网、CANFD技术的发展。

在汽车行业过去20多年的发展过程中，通信带宽问题一直是制约行业发展的痛点和难点。过去主流的车载网络技术CAN总线虽然只有1 Mbit/s左右的速度，但也基本能够满足早期汽车对于通信带宽的需求。近几年，随着相关技术不断发展，汽车的控制逻辑和控制系统越来越复杂，虽然采用集中式电子电气架构能够在一定程度上缓解车载传感器和控制器方面的通信压力，但CAN通信带宽仍然无法满足车辆运行的数据交互需求，这也就驱动车载以太网技术不断进步。

作为一种最普遍的计算机网络，以太网诞生于20世纪70年代。随着技术的发展以及应用范围的扩大，以太网技术一直与时俱进，广泛地应用于数据仓库、服务器机房、办公场所和家庭等多种场景中。但在与汽车的融合应用方面，以太网仍然需要解决很多问题，其中最突出的就是电磁兼容性问题。不过，随着可以在单对非屏蔽双绞线上提供100 Mbit/s带宽的BroadR-Reach技术的出现，这一问题也得到了妥善解决。即使相关的物理层面发生变化，BroadR-Reach技术的应用仍然能够保持不变的运行方式与以太网实现无缝结合。目前，BroadR-Reach技术广泛应用于车辆研发和批量化生产。此外，能够支撑更快速度的RTPGE技术也应运而生，其在带宽高达1 Gbit/s的同时还将保留软件的兼容性。

不过，虽然与CAN总线等车载通信技术相比，车载以太网的通信带宽优势明显，但其应用还需要兼顾成本以及功耗等方面的问题，所以车载以太网主要应用于骨干网络，而传感器、智能执行器等则需要采用CANFD、CAN、LIN等成本较低的解决方案。而且，要改变以CAN通信为主的方式，整车控制器上增加车载以太网还需要考虑静态电流、控制器功耗以及软件协议栈等多方面的因素。

3.2.3　CAN FD总线技术

移动互联网、电子、半导体等行业的快速发展和更新迭代给汽车等产业带来了新的机遇和挑战。为了给用户带来更好的驾乘体验，不仅要改善汽车的舒适性和安全性，还要进一步提高汽车的电动化和智能化水平。于是，汽车制造商便提出了更高的功能集成需求，因此而来的网络连接负荷和电子控制单元（ECU）的大量增加也就极大地增大了总线负载的压力。

目前市面上车辆主流的车载网络为CAN总线，这一车载通信技术的实际使用速率最高为500Kbit/s、最高传输速率为1Mbit/s，但随着ECU数量的增加，总线负载率也会相应增加，于是便容易造成网络堵塞，使得车辆行驶过程中的通信效率和质量大打折扣。因此，为了顺应汽车自动化、智能化发展对于网络的需求，车辆使用的车载网络应该传输更多信息。

2012年，Bosch率先发布了灵活数据传输率（CAN with Flexible Data rate，CAN FD）协议；2015年，国际标准化组织（ISO）发布11898-1协议，支持CAN FD技术。同时，聚焦将CAN收发器支持超过1Mbit/s的技术标准化的ISO 11898-2草案也通过了委员会投票。

◆ CAN FD的用例

与CAN总线技术相比，CAN FD总线技术的优势主要体现在以下几方面，如

表3–8所示。

表3–8 CAN FD总线技术的优势

优势	具体表现
传输速率方面，CAN FD比CAN更快	从汽车的运行机制来看，ECU如同汽车的大脑。如果ECU的容量增加，对应处理器只读内存（Read–Only Memory，ROM）的容量也要扩充。在汽车设计过程中，与ECU的处理对应的内容需要写入ROM，而这个过程就需要依托CAN来完成。当软件的容量比较大时，相应的处理时间也会延长。与CAN相比，CAN FD的传输速率更快，对应软件处理需要的时间也更短
带宽方面，CAN FD更能满足需求	当应用CAN总线时，随着车辆功能的增加，CAN总线的负荷也会增加。当其负荷达到极限后，便会因为带宽不足、网络传输能力差而产生明显的延迟。为了解决这一问题，就需要根据不同的功能进行网络划分。与CAN总线相比，CAN FD总线的最高传输速率能达到8Mbps，不必再通过划分局部网络的方法解决带宽问题
信息安全方面，CAN FD的安全保护更完善	在车辆顺应电动化、智能化、网联化和共享化趋势发展的过程中，车辆对通信系统安全性的要求也会提高。为了保证车辆通信系统的安全，需要对车载通信的敏感数据进行保护。过去使用的车载CAN总线技术，没有对数据传输进行加密处理，使得与车辆运行相关的刹车、转向以及车速等数据非常容易被非法读取和利用，从而造成不堪设想的后果。而CAN FD总线技术具有完善的数据加密传输机制，并且能够适应现存的Autosar环境

◆ CAN FD 的概要

由于CAN FD本质上是在CAN基础上进行扩展的通信协议，因此对其分析首先需要从CAN出发。CAN总线采用的是双线串行通信协议，具有分布式实时控制和非破坏性仲裁技术，凭借错误监测和处理机制具备很高的安全性。CAN FD在具备CAN总线的主要特性之外，在传输速率、带宽和信息安全方面都更加可靠。

车辆利用CAN总线技术进行通信，数据传输需要以固定的帧的格式进行，涉及的帧主要包括数据帧、远程帧、错误帧、过载帧和帧间隔五种类型，其中数据帧又可以划分为仲裁段和数据段。在具体的运行过程中，不同的节点可能会在同一时间向总线发送数据，这时就需要对所有消息的标识符（也可以理解为ID）逐位进行仲裁，通过仲裁的节点发送的消息便能够率先获得总线的发送权，而在仲裁环节失败的节点发送的消息无法发送，只拥有接收（监听）权限。

在使用CAN总线技术的过程中，同一条CAN线上所属节点的通信速度要保持一致。由于CAN总线的通信速度由比特率决定，所以在对某节点发送的信息进行仲裁时，仲裁段和数据的比特率必须保持统一。对于CAN FD 协议来说，仲裁段与数据的比特率可以相互独立、互不影响。即使仲裁段通信使用的标准是CAN位速率，数据段仍然可以使用高速率通信。这样的通信方式可以有效缩短通信所需时间，显著提高位速率，这就是CAN FD（灵活数据传输率）的起源。

对于数据段来说，其比特率受网络拓扑和ECU系统等因素的影响比较大。虽然关于比特率的最高值没有过多规定，但在ISO 11898-2：2016标准中，也有关于比特率最高可达5Mbps的时序要求。为了使CAN FD总线技术能够更好地为车辆运行提供服务，目前汽车厂商已经进行了大量探索，主要聚焦于从应用软件和网络拓扑出发，使用不同的比特率组合。例如，当进行应用的诊断和升级时，数据段的比特率可以设定为5Mbps；当应用于控制系统时，比特率可以设置为500Kbps到2Mbps。而且与CAN报文有效数据场的8字节相比，CAN FD对有效数据场长度进行了调整，使得这一数值能够达到64字节，并可以应用在点对点、总线型、星型等不同的网络拓扑结构中。

3.2.4　双核心控制架构

整车控制器相关技术的发展，与很多其他类似领域技术发展的逻辑相似。前期，为了获得更快的信息处理速度，汽车行业通常采取以核心频率的提升带动处理速度的方式。后来，核心频率提升到一定阶段后便遇到了瓶颈，而且小范围内对核心频率进行调整也已经无法满足软件执行速度快速增长的需求。为了兼顾稳定性等方面的要求，汽车行业开始采用多核芯片。

虽然多核芯片的应用可以在很大程度上提升芯片的运用能力，但要想获得理想的效果，还需要在软件设计方面进行综合考量，确保软件应用能够与芯片合理对应。而此处设计最重要的原则就是尽可能使所有软件一起运行。对于同一频率下单核芯片与多核芯片算力的加速比，可以用Amdahl定律进行评估。

在过去汽车行业发展的过程中，汽车电子领域通用的方式是基于微控制器搭载不同类型车载控制系统。虽然不同厂家使用的微控制器在性能方面可能存在比较大的差别，但它们有一些共同点，例如，不支持用户安装软件、程序只能预先安装、核心频率低、可靠性高、价格低廉、集成度高等。顺应“软件重新定义汽车”的趋势，上述微控制器已经难以适应发展需求，需要整车控制器支持客户根据自己的需求安装软件、对程序进行更新。

对于这一问题，目前汽车电子领域商家给出的一个解决方案是引入微处理器作为微控制器的补充，通过二者的组合搭建双核心高性能整车控制器。由于这些微处理器具有极强的数据处理与计算能力，核心频率比较高，而且与微控制器存在比较大的区别，不需要进行复杂的外设，不需要依赖RAM、ROM等运行，所以在硬件设计方面也就不得不考虑必要的外设。

此外，可以将高集成度的系统级芯片（System on Chip，SOC）同时集成微控制器和微处理器，形成另一种形式的双核心架构。需要注意的是，从本质上看，这种形式的双核心架构是两个独立的软件系统，很多功能的实现需要相互配合。

在控制系统方面，由微处理器和微控制器构成的双核心架构的整车控制器需要采用不同的操作系统。微控制器可以采用的操作系统有Classic AUTOSAR，微处理器可以选择Linux、QNX、VxWorks、PikeOS等操作系统。

AUTOSAR推出的 Adaptive AUTOSAR由于需要运行在POSIX 标准接口之上，不能独立运行，所以不能算作独立的操作系统。而且，即便是POSIX 接口，其运行也需要依托于Linux、QNX、VxWorks、PikeOS等操作系统。相比Classic

AUTOSAR，Adaptive AUTOSAR的模块数量比较少，不足前者的15%，所以Adaptive AUTOSAR在汽车行业的发展仍然有很多问题需要解决。

3.2.5　汽车OTA技术

空中下载技术（Over-the-Air Technology，OTA）指的是通过移动通信的空中接口对移动终端设备及SIM卡数据进行远程管理的技术。经过多年的探索与实践，OTA技术取得了重大进步，应用范围也不断扩大。

OTA技术的一个重要应用领域就是SIM卡的远程管理。随着智能手机不断普及，OTA也能够为手机制造商、网络运营商等的服务提供支撑。如手机系统更新就可以借助OTA技术进行，不仅能够有效保证软件的安全性、丰富产品的功能，还可以修复可能存在的漏洞。而在汽车领域，当车辆需要进行软件升级时，车主往往只能选择线下升级的方式，也就是将车辆驾驶至指定店面，然后交由专业人员进行升级。而且，车辆还需要与专用的检测仪连接，根据车辆的型号选择升级软件，最后以有线的方式对软件进行更新。与手机系统的升级相比，这种升级方式需要的时间更长，而且也会增加车辆生产企业、服务商的运营成本。

随着移动互联网、自动驾驶等技术不断发展，自动化、智能化的高级辅助驾驶系统开始应用于汽车领域，为汽车OTA技术的发展提供了难得的机遇。因此，目前很多造车新势力逐渐将汽车OTA技术作为探索的重点。回顾以往的汽车发展历程不难发现，汽车的研发愈来愈人性化，那么汽车软件的升级也势必如同智能手机一样，采用更加人性化、自动化、智能化的解决方案。当车辆处于非运行状态时，车主只需要将车辆接入网络，就能够通过OTA的方式快速升级，从而有效节约车主和相关机构的时间成本和人力成本。

2012年，汽车OTA技术被首次应用于特斯拉推出的Model S上。这是特斯拉推出的一款拥有动力电池系统，可以自动驾驶并进行人机交互的车型。OTA技术在该车型上的应用主要包括提升乘坐舒适度、提高驾驶速度、增加续航里程以及解决钥匙卡漏洞，让车辆能够更便捷、灵活地进行更新迭代。

此后，我国的比亚迪、小鹏、理想、蔚来等汽车生产厂商也纷纷推出了搭载OTA技术的车型。由于传统燃油汽车的整体机械数据是相对固定的，例如，变速箱、发动机等硬件设备使用的物理指标往往是固定的，所以与新能源汽车相比，传统汽车在OTA升级方面受到了比较大的制约。不过，随着汽车OTA技术不断发展，其也可以应用于传统燃油车型上，实际上以宝马、大众、福特等为代表的传统汽车企业已经开始尝试进行汽车OTA技术的研发和应用。

目前，汽车OTA技术可以分为空中软件（Software Over The Air，SOTA）和无线固件（Firmware Over The Air，FOTA）两种不同的技术。其中，SOTA主要针对的是与车辆相关的软件的升级，例如，车辆携带的人机交互、娱乐软件以及导航地图等智能座舱方面的升级。由于这种升级方式一般不涉及核心系统升级，因此开发难度相对较低，是很多汽车厂商主要采用的OTA升级方式。而FOTA指的是固件的空中升级，也就是依托于云端升级技术，对车辆处在联网状态的硬件设备进行升级和更新。例如，特斯拉采用的就是FOTA升级，能够借助OTA技术改变车辆的刹车、变速以及续航能力等与动力相关的性能，对娱乐系统和中控大屏之外的所有整车控制器进行升级。

如果与智能手机的升级进行类比，SOTA针对的就是手机中的软件，即对安装在手机内部的某个软件的功能进行升级和完善；FOTA针对的是手机的系统，通过对手机底层系统的升级改善用户的使用方式、提升用户的使用体验。因此，可以看出，与SOTA相比，FOTA技术的难度更大，对应功能和体验提升的空间也更广。

3.3　EBS系统：提升车辆稳定性与舒适性

3.3.1　汽车制动系统的发展现状与发展成就

随着人工智能、充电桩等技术不断发展，新能源汽车已经成为汽车行业发展的主流趋势，相关技术受到了广泛关注。在新能源汽车的技术体系中，制动系统是保证汽车安全运行的关键，可以利用制动器与车轮之间的摩擦让汽车保持稳定运行，带给驾驶员更舒适的停车体验。在车辆行驶过程中，如果遇到危险，驾驶员可以按照自己的意愿进行操作，强制车辆减速或者停止，保证汽车行驶安全。

在行车期间，如果驾驶员想减速行驶或者停车，可以踩下踏板向真空助力器施力，利用真空助力器加大踩踏的力量，加大制动器与转动轮毂间的摩擦力，控制车辆减速或者停止，解决传统燃油汽车因为阻力过大无法及时制动的问题，从而保证司机、乘客与汽车的安全。下面我们对汽车制动系统的发展现状与发展成就进行介绍。

◆汽车制动系统的发展现状

对于新能源汽车，人们的核心要求就是安全、稳定，因此对汽车的制动系统提出了较高的要求。为满足安全性的要求，新能源汽车的车轮与地面间的滑动率要控制在5%~20%，以免因为行驶速度过快导致车辆甩出。

在汽车制动系统的作用下，新能源汽车无论在什么路面上行驶，紧急制动时都可以对车轮制动力矩进行调整，缩短制动距离，保证车辆以及驾驶人员、乘车人员的安全。

汽车制动系统中的防抱制动传感器可以对车轮转速进行实时检测，在车轮滑移率达到20%时进行制动控制，提高车辆的制动性能，防止发生交通事故。除此之外，新能源汽车还有一个非常重要的控制系统，即电子刹车自动分配系统，可以保证车辆在恶劣的天气环境中稳定行驶。另外，有一些高档的新能源汽车还配备了紧急刹车辅助系统，可以帮助驾驶人员识别其踩刹车时的速度与力度，对车辆的紧急刹车性能做出科学判断，并通过对汽车的刹车速度与力度进行控制来减少因紧急强刹车诱发的交通事故。

传统的燃油汽车也配备了汽车防抱死制动控制系统，但该系统只在极端情况下才会发生作用。在更多制动情况下，汽车还是通过电子制动对单个制动缸的压力进行控制，以缩短制动系统的响应时间。如果驾驶人员的反应速度较慢，或者车辆没有完全抱死，电子制动往往无法达到预期的制动效果，很有可能导致车辆无法安全、稳定地运行。为了解决这一问题，研发人员利用先进的电子技术与计算机控制技术对新能源汽车的制动系统进行创新研究。

作为车辆安全系统的重要组成部分，制动安全系统已经成为车辆必不可少的结构。随着相关技术的不断发展，制动系统在电子控制与技术集成方面取得了显著成就，具体表现在以下几个方面。

◆制动系统的发展成就

（1）制动系统引入了制动防抱死系统（Antilock Brake System，ABS），该系统已经成为车辆的标准配置。20世纪80年代，相关人员又开发了驱动（轮）防滑系统（Acceleration Slip Regulation，ASR），通过调节制动过程来改善牵引力，之后又在ABS的基础上拓展出一系列功能，包括电子制动力分配（Electric Brakeforce Distribution，EBD）、电子阻挡层（Electron-Blocking Layer，EBL）、胎压检测（Tire Pressure Monitoring，TPM）、防侧翻稳定性控制（Roll Stability Control，RSC）和电子稳定控制（Electronic Stability Controller，ESC）等。同时，制动系统领域还引入了电子制动控制系统（Electronically Controlled Brake System，EBS）和液压式线控制动系统（Electric Hydraulic Brake，EHB），极大地提高了系

统的安全性与经济性。

（2）在制动系统领域，机械式线控制动（Electric Mechanical Brake，EMB）与线控制动（Brake by Wire，BBW）成为重点研究对象，但还没有实现推广应用。研究人员在EBS系统的基础上研发出自适应巡航控制系统（Adaptive Cruise Control，ACC），目前已经在英国、法国、德国等欧洲国家广泛应用，在降低碰撞事故发生率方面发挥了重要作用。自适应巡航控制系统的应用推动新型助驾系统快速发展，下一步就是开发防撞警告系统和自动转向及制动干涉系统，最终打造具备汽车自动防撞系统和全自动驾驶系统的安全性能更好的车辆。

（3）客车的电子控制制动系统主要包括桥控调节器、电控单元、ABS电磁阀、制动信号传感器、比例继动阀等零部件。在转向角度传感器和电子稳定性控制模块的作用下，客车电子控制制动系统的电子稳定性控制功能将得以有效拓展。

3.3.2　EBS系统的工作原理

◆ EBS系统的工作原理

电子制动控制系统实现了对制动系统的电子控制，当驾驶员踩下制动踏板，这一信号会立即经由制动信号传感器传输到电控单元，对车辆的制动要求做出精准识别，同时速度传感器和磨损传感器产生的轮速信号和摩擦片磨损状态信号会传输到电控单元，由电控单元对这些信号进行处理，然后利用相应的控制策略进行计算，输出一定的指标压力值，通过对比例继动阀、ABS电磁阀、备压阀和桥控调节器进行控制，控制车辆的前后桥执行制动命令。前桥指标压力值与实际值之间的差值可以通过比例继动阀进行调节。

当车辆趋于抱死状态时，中央控制器通过对制动气室的压力进行调节实现循环控制，让车辆的滑移率保持在最佳数值。同时，中央控制器可以与桥控调节器交换数据，并通过CAN总线与发动机控制、缓速器等电子系统进行通信。

货车和牵引车的EBS系统主要由桥控调节器、电控单元、ABS电磁阀、挂车控制阀、制动信号传感器、比例继动阀等零部件组成，在转向角度传感器和电子稳定性控制模块的作用下可以拓展电子稳定性控制功能。

3.3.3 EBS系统功能与技术优势

◆电子控制制动系统的五大技术优势

电子控制制动系统可以降低生产成本、提高车辆安全性，还可以与车辆的其他系统相结合拓展新功能，包括持续制动集成和牵引车控制。电子控制制动系统的技术优势主要表现在以下几个方面，如图3–2所示。

可以提高车辆的舒适性与稳定性，提高车辆制动的安全性

缩短制动距离

提高经济性和维修的便利性

弥补常规制动系统的缺陷

具备制动管理功能

图3–2 电子控制制动系统的技术优势

（1）电子控制制动系统可以提高车辆的舒适性与稳定性，提高车辆制动的安全性。电子控制制动系统可以根据驾驶员操控制动踏板的信号，通过系统的计算和补偿操控车辆完成制动，从而提高车辆制动的舒适性，缩短车辆制动距离。电子控制制动系统还可以根据车辆荷载条件与车辆滑移情况，对前后桥及挂车的制动压力进行调整，减小主挂车之间的耦合力，让车辆的操控过程更稳定，制动环节更安全。

（2）缩短制动距离：相较于常规的制动系统来说，电子控制制动系统的制动距离更短。

（3）提高经济性和维修的便利性：电子控制制动系统可以通过磨损传感器了解摩擦片的磨损情况，对不同车轴之间摩擦片的磨损情况进行监测与处理，提高车辆摩擦片的利用率，支持所有摩擦片同时更换。另外，电子控制制动系统可以通过缓速器、排气辅助制动，还可以通过控制发动机扭矩进行制动，减少摩擦片的磨损，延长摩擦片的使用时间，提高摩擦片的经济性。EBS可以通过集成诊断和监测系统进行自我检测，发现故障及时向驾驶员发出提醒。

（4）弥补常规制动系统的缺陷：相较于常规制动系统来说，电子控制制动系统可以缩短制动响应时间，对制动力进行合理分配，对车轴间的制动进行协调，对系统参数进行调整，并实现自动监测与自我诊断等功能。

（5）具备制动管理功能：驾驶员在驾车过程中产生制动需求时需要踩下制动踏板，从踩动踏板产生的信号传输至机械机构到机械机构做出反应，中间会出现一定的延时。在这段时间内，电子控制制动系统可以调整制动力需求，生成符合驾驶员制动需求的感觉曲线，对实际制动和制动需求进行对比，根据对比结果对前后桥和挂车的制动压力进行合理分配，从而完成车辆制动。

◆电子控制制动系统的制动管理功能

具体来看，电子控制制动系统的管理功能主要表现在以下几个方面。

- 延迟控制/感载阀控制：延迟控制可以通过调节制动压力满足驾驶员的制动需求。无论车辆的轴荷大小，只要踏板行程相同，就能获得相同的减速度。例如，当摩擦片湿度较大时，电子控制制动系统将增加制动压力，以满足制动需求。这样一来，车辆不需要安装感载阀。但这种延迟控制的适用性不强，如果摩擦片的摩擦系数出现大幅下降，延迟控制就无法发挥作用，而且会向驾驶员发出制动性能下降的提醒。除此之外，延迟控制可以提高制动响应的及时性，改善制动滞后的问题。

- 制动力分配控制：电子控制制动系统进行延迟控制时，主要根据实际值和名义值的对比结果分配前后桥的制动压力。首先由轮速传感器记录车轮的速度变化，然后获得前后桥滑移的差异。在理想状态下，前后桥之间应该不会出现滑移。因此，前后桥制动压力控制模式的主要功能就是控制前后车轮之间的滑移差异无限接近零，并对车轮间摩擦片的磨损进行调节。

- 摩擦片磨损控制：在非极限的制动过程中，电子控制制动系统会根据接收到的衬片磨损信号对制动力进行分配，减小摩擦片磨损比较严重的车轮的制动压力，增大摩擦片磨损比较轻的车轮的制动压力，使车轮摩擦片的磨损保持平衡，防止总制动性能发生改变。

- 持续制动集成功能：持续制动集成主要是对车辆的制动方式进行管理，保证各种制动方式实现合理应用，尽可能使用缓速器、排气辅助制动和发动机控制等非磨损的制动方式，防止摩擦片、制动盘、制动鼓等部件发生磨损，让制动车轮尽可能保持冷态。

- 制动辅助功能：当电子控制制动系统发现驾驶员采取全制动操作时，无论驾驶员是否完全踩下踏板，电子控制制动系统的制动辅助功能都会向制动气室释放最大的制动压力实现全制动，直到驾驶员松开踏板结束制动辅助功能。

- 防滑坡控制：防滑坡控制的主要功能是防止车辆在坡道上倒滑，可以提高驾驶员坡起的舒适性。在驾驶车辆的过程中，驾驶员可以通过轻踩制动踏板激活防滑坡控制功能，电子控制制动系统会对车辆在坡道上行驶需要的制动压力进行调控。驾驶员可以通过开关来激活或者关闭防滑坡控制功能。

- 牵引力扭矩控制：牵引力扭矩控制可以在制动扭矩导致车轮趋于抱死，车辆滑移率超出一定限值时，增大发动机扭矩，减小制动扭矩；当驱动轮的运行趋于稳定时，牵引力扭矩控制停止。

- 挂车控制：挂车控制有两种实现方式，一种是电控方式，通过通信协议ISO11992进行控制；另一种是气控方式，通过挂车控制阀的气压回路进行控制。如果挂车偏离制动减速度曲线的中间位置，相关信号就会发送到车辆的电控单元，由电控单元对制动压力进行调整，让挂车接头结合力无限接近零。

3.3.4　EBS在新能源汽车中的应用

EBS集成了很多系统，包括防抱死制动系统、自动驱动力控制系统、自动稳定调节系统等。相较于常规制动系统来说，EBS采用电控制动，可以提高制动系统的响应速度，缩短响应时间，提高制动过程的舒适性。EBS不仅具备防抱死制动、自动驱动力控制功能，还具备制动管理功能。在EBS电控回路失效的情况下，EBS的气压控制回路可以作为备用控制回路，保证制动系统的制动性能，提高车辆在行驶过程中的安全性及车辆运行效率。

EBS系统的应用领域很多，包括家庭乘用车、客车、公交车、商用车等，下面我们对EBS系统在新能源商用车领域的应用进行全面探究。

◆ EBS在新能源商用车领域应用的功能和优点

新能源商用车引入EBS系统不仅是为了满足相关的法律法规的要求，还为了提高汽车的安全性，带给客户更优质的行驶体验。新能源汽车匹配EBS的功能如表3–9所示。

新能源商用汽车配备了EBS制动装置可以有效缩短制动响应时间，提高车辆制动时的响应速度，减少制动距离，降低生产成本及安装成本，还可以对车辆在整个行驶过程中制动系统的运行情况进行监测，促使系统零部件实现标准化、集成化，降低车辆行驶成本。

表 3–9　新能源汽车匹配 EBS 的功能

功能	具体表现
主挂车制动一致性控制功能	主挂车制动一致性控制功能可以对主车和挂车的制动力进行合理分配，让主车与挂车的制动力保持一致，保证新能源汽车制动的安全性
制动帮助功能	驾驶员快速踩下制动踏板时，EBS可以对驾驶员的意图做出准确预判，即驾驶员是否需要紧急制动。如果确定驾驶员需要紧急制动，制动帮助功能就会控制相关的动作元件输出最大制动压力，实现全制动，保证驾驶员踩动制动踏板的舒适性
辅助制动系统的自动控制功能	驾驶员踩动制动踏板时，EBS就会启动缓速器来满足驾驶员的制动需求，从而减少车辆用气，延长摩擦片、制动盘、制动鼓等部件的使用寿命，保证车辆安全
制动蹄片磨损控制功能	在制动过程中，EBS可以对不同车桥间的制动压力进行调节，让摩擦片的磨损程度保持均衡，让车辆的摩擦片可以同时更换
坡道起步功能	坡道起步控制功能可以防止配备了自动变速箱的新能源汽车在坡道起步的过程中倒滑，从而保证驾驶员坡道起步的安全性与舒适性，这个过程主要通过EBS控制车辆在坡道起步过程中需要的制动压力来实现
制动力分配控制	在车辆加速行驶的过程中，EBS可以根据驾驶员的制动需求，在车辆空载或者满载的状态下对车辆的前后桥进行控制，输出相应的制动力
减速控制功能	EBS具有减速控制功能，支持驾驶员通过控制制动踏板行程的大小输出相应的减速度

◆ EBS在新能源汽车上的布置

新能源汽车引入EBS，要在车架前部的专用固定支架上安装雷达，在驾驶室前中部或顶部安装摄像头，雷达和摄像头前方不能存在任何遮挡，在驾驶室方向盘下方的方向柱内安装转角传感器，在各桥附近的车架或车架横梁上安装制动总模块及前、后桥EBS控制模块，在车架中部安装横摆角度传感器。其中，在车架左纵梁内侧靠近中桥的位置安装制动总模块，在车架第二横梁中间安装前桥模块，该模块可以使用专用固定支架进行固定；在车架左纵梁内侧靠近后桥位置安装后桥模块，该模块同样要使用专用支架固定。

底盘控制线束沿车架内侧单独布置，排线过程中要避开尖锐部件、运动部件以及油管、燃气管路及高温热源。如果是纯电动汽车，底盘控制线束敷设时要与高压线分开，以免受到电磁干扰。

设备要与车内的控制线路连接，由于设备大多是精密仪器，连接时要注意以下事项：连接插接器之前要先检查是否存在油污、灰尘、水迹、锈蚀、污损等迹象，保证防水胶圈固定在合适位置。在连接插接器的过程中，要检查插接器与定位槽的位置，保证插接器正对定位槽垂直插入，避免暴力行事，插接器连接成功后会发出“咔”的声响。如果插接器带二道锁止机构，要将二道锁止机构连接到合适的位置，检查插接器线束后部防水胶圈是否连接到位，是否存在脱落现象。插接器成功连接后要检查插头编号是否有误，将插接器与附近的主线束捆绑在一起。如果插接器没有办法捆扎，可以捆扎插接器两端的线束，捆扎时要与插接器两端保持5厘米的距离，不要捆扎在插接器的根部，以免插头脱落。

从新能源商用车制动安全系统的发展趋势看，EBS将成为新能源商用车的主要配置。目前，国内新能源商用车主机厂已经开始应用EBS，希望借EBS缩短制动响应时间，减少制动距离，在最大程度上保证行车安全，带给驾驶员更舒适、更安全的驾驶体验。

3.3.5　汽车制动系统的发展趋势

◆采用线控制动的新能源汽车制动系统

在快速发展的汽车传感器与网络技术的支持下，新能源汽车控制技术中的线控技术实现了快速发展，逐渐成为新能源汽车控制技术的主流发展方向。新能源汽车的线控制动是用电子机械制动器取代传统的液压制动系统，提高整个制动系统的智能化水平，打破液压源对电源的制约。

传统汽车的液压制动系统的元件大多是机电一体化的元件。如果在汽车行驶过程中，驾驶员需要强制制动，通过电控ECU进行调控，就会延长制动反应时间，对汽车制动的及时性与安全性造成不良影响。相较于传统的汽车制动系统，线控制动系统用简单的电子机械制动器取代复杂的液压系统，结构更加简单，维护起来更加方便，而且可以缩短响应时间，提高响应速度与效率。在设计新能源汽车的过程中，只要保证线控制动系统的合理性，就可以根据实际情况对制动力进行控制，保证制动时车辆的安全性与稳定性。

但线控制动系统对控制技术提出了较高的要求。如果驾驶人员操控水平不高，很有可能无法有效制动。而且，线控制动系统的能源消耗比较高，如果系统失效问题无法在短时间内解决，会严重影响驾驶人员的驾驶体验。

电子制动系统与电子线控转向系统基于新一代信息技术进行了全面优化与改进，开始朝着高精度、高可靠性、高智能化的方向发展。未来，新能源汽车制动系统将从电子制动系统与电子线控向系统集成控制技术发展。预计未来5~10年，线控制动与线控转向技术将在新能源汽车领域得到广泛应用，成为汽车制动系统领域的主流技术。

◆以电子真空泵作为新能源汽车制动系统主要形式

目前，大多数新能源汽车使用的还是传统的制动系统，依靠真空助力器与液压制动管路，整体结构比较复杂。驾驶人员启动车辆后，由12伏的电源进行供电，电子控制系统进行自检，真空压力传感器对真空度进行检测，将检测结果转换为相应的电压值后传输至电子控制系统，并将电压值与标准的电压值进行对比，当真空罐内的真空值达到标准值时才能工作。在整个过程中，电子控制系统主要通过对比真空罐中的真空度进行控制。如果真空度小于标准值，就会下达抽真空的命令，直到真空助力器可以为驾驶人员提供辅助，帮助驾驶人员完成对汽车的制动。

电子真空泵制动系统控制技术可以解决传统燃油制动系统存在的很多问题，通过对燃油汽车底盘进行改造，将发动机进气管引入真空环境接口的管路转换至单设的真空泵上，利用真空泵营造一个良好的真空环境。对于汽车驾驶人员来说，虽然电子真空泵制动系统控制技术的响应速度快，制动更简单，但其与传统燃油汽车制动系统没有太大区别，只是操作起来更加简单而已。

与传统燃油汽车相比，新能源汽车中的电动真空助力系统可以有效降低汽车生产成本，提高汽车制动系统的智能化水平，但无法从根本上解决新能源汽车的制动问题。随着新能源汽车中的关键零部件快速发展，新能源汽车的综合性能将大幅提升。

总而言之，对于新能源汽车来说，制动技术在其发展过程中扮演着非常重要的角色。在这种情况下，推动新能源汽车发展的关键就是强化其制动技术，推动全电子控制的电子机械一体化制动系统快速发展，提高新能源汽车制动系统的智能化水平，提高新能源汽车驾驶的稳定性、安全性以及舒适性。

第4章
电机控制器：新能源汽车的驱动系统

4.1 电机控制器的工作原理与关键技术及发展趋势

4.1.1 电机控制器的基本原理

传统燃油汽车的电气系统属于“三小电”系统，包括空调、转向、制动三部分；新能源汽车的电气系统在此基础上延伸出“三大电”，包括电池、电机、电控三部分。其中，电机、电控系统代替了传统的发电机，其性能直接决定了新能源汽车的主要性能，包括爬坡、加速、最高速度等。

另外，相较于传统燃油汽车的电动机来说，新能源汽车的电机、电控系统要具备应对复杂情况的能力，包括能够频繁启停、加减速，低速/爬坡时高转矩，高速行驶时低转矩，拥有较大的变速范围等。如果是混合动力汽车，还要具备电机启动、电机发电、制动能量回馈等功能。除此之外，在电池容量固定的情况下，电机能耗直接决定了新能源汽车的续航里程。因此，电动汽车的驱动系统要满足汽车在负载、技术性能以及工作环境等方面的要求，具体要求如表4–1所示。

表 4-1　电动汽车驱动系统的三大功能

序号	功能
1	驱动电机要有更高的能量密度，体积更小、重量更小，可以在有限的车内空间安装使用，同时要具备能量回馈能力，从而降低整车能耗
2	驱动电机既要具备高速宽调速，又要具备低速大扭矩，以加快启动速度，提高爬坡性能与加速性能
3	电控系统的控制精度以及响应速度都要达到较高水平，并满足安全性、可靠性等方面的要求

对于新能源汽车来说，电机电控系统的技术水平对整车的性能与制造成本有着直接影响。目前，在新能源汽车的电机电控系统领域，我国企业掌握的核心技术比较少，自主化水平比较低，包括IGBT芯片在内的核心组件依赖进口，只有极少数企业掌握了完整的知识产权。未来，随着国内电机电控系统产业链不断完善，国内企业将在电机电控系统领域掌握更多自主权，电机电控市场将实现快速发展，增长速度将超过新能源汽车市场的增速。

另外，随着新能源汽车的车体结构不断向轻量化的方向发展，在新能源汽车的整体造价中，电池、电机、电控系统所耗费的成本占比将不断提升。随着新能源汽车补贴逐步退坡，动力总成本、重量下降的要求越发迫切，给电机电控产品厂商带来了巨大的挑战。在此形势下，具有技术优势与规模优势的供应商将强势崛起。从某种程度上说，电机电控市场将对新能源汽车的发展走向产生直接影响。

◆电机控制器集成形式

电机控制器的集成形式包括五种，具体分析如下：

- 集成了电子液压助力转向（Electronic Hydrostatic Power Steering，EHPS）控制器、辅助控制模块（Auxiliary Control Module，ACM）控制器和DC/DC[①]的单主驱控制器、辅件三合一控制器；

① DC/DC指的是高压（低压）直流电源变换为低压（高压）直流电源。

- 集成了EHPS控制器、ACM控制器、DC/DC、电源分配单元（Power Distribution Unit，PDU）、双源电子助力转向（Electric Power Steering，EPS）控制器的辅件五合一控制器；
- 集成了主驱和DC/DC的乘用车控制器；
- 集成了主驱、DC/DC、PDU的物流车三合一控制器；
- 集成了主驱、EHPS控制器、ACM控制器、DC/DC和PDU的物流车五合一控制器。

◆电机控制器基本原理

电机控制器通过逆变桥调制输出正玄波驱动电机正常运行；

配单回路为TM接触器、熔断器、电空调回路、电除霜回路等部件供电；

绝缘栅双极型晶体管芯片（Insulated Gate Bipolar Transistor，IGBT）驱动回路可以接收控制信号，驱动IGBT并反馈IGBT的运行状态，为IGBT提供电压隔离及保护措施；

辅助电源可以为控制电路提供电源，为驱动电路提供隔离电源；

信号数字化处理（Digital Signal Processing，DSP）电路可以接收整车控制指令，并为车辆反馈信息，对电机系统的传感器信息进行检测，根据指令传输电机控制信号；

结构与散热系统可以帮助电机控制器散热，为控制器安装提供支持，保护控制器安全；

电机控制器热设计要满足车辆实际运行需求，因为车辆的运行环境比较复杂，所以电机控制器热设计的难度比较高；

要开展多层次的仿真实验，具体包括四个层级，分别是系统级、模块级、单板级、芯片级，如表4–2所示。

表 4–2　仿真实验的四个层级

层级	具体内容
系统级	系统级仿真的重点包括控制器系统级的热设计以及水道设计、控制级内部环温仿真等
模块级	模块级仿真的重点包括对关键部件模型电容以及铜牌进行仿真，通过密度、热流密度对电容温度进行仿真
单板级	单板级仿真的重点包括对单板环境温度以及单板关键零件的散热进行仿真，以保证单板上某个关键器件的散热功能
芯片级	芯片级仿真的重点在于对IGBT和主功率模块进行仿真，其中IGBT是模块控制器的核心，IGBT芯片级仿真越准确，IGBT的作用越能够得到充分发挥

实验精度要达到一定水平，也就是要进行多轮试验，形成试验仿真闭环，保证散热器的温度偏差不超过3℃。

复杂工况仿真包括对额定工况、过载工况、堵转特殊工况进行仿真，利用周期性负载、非线性负载确定控制器的最大能力。

4.1.2　纯电动汽车逆变器装置

逆变器（Power Inverter）是一种车用电源转换器，可以将12伏的直流电转换为220伏的交流电，为一般电器提供充电服务。如果电动汽车的逆变器支持高压充电，就可以大幅缩短充电时间。因为使用同样的电流为电动汽车充电，充电电压越大，功率越大，充电时间越短。

但逆变器充电电压的提高也会带来一个问题，就是在充电状态下，逆变器产生的热量会增加，需要解决IGBT模块的散热问题。只有妥善解决这一问题，才能真正提高电动汽车的充电效率。

另外，逆变器的性能对电机的性能也有直接影响，是新能源汽车领域的一项核心技术。如果用燃油车进行类比，那么电动汽车的逆变器就相当于燃油车的变速箱。随着新一代半导体功率器件的不断发展，IGBT与碳化硅（Silicon Carbide，SiC）将成为电机控制系统和充电桩的核心组成部分。

在电力驱动系统中，IGBT属于逆变器模块，可以将直流电转变为交流电，为发电机运转提供动力。IGBT的性能对新能源汽车的能源利用率有着直接影响，其成本在电机驱动系统以及车载充电系统成本中的占比达到了40%。SiC功率器件的主要功能是降低电动车逆变器等驱动系统的体积和总量，其损耗占到了Si器件损耗的50%左右。

电动机逆变器可以通过功率元件将动力电池的直流电转换为三相交流电，为交流电动机供电。在“交流—直流—交流”变频调速系统中，按照直流环节的滤波方式，电动机逆变器可以分为两种类型，一种是电压型，另一种是电流型。电压型电动机逆变器利用电容使中间直流电压保持恒定，电动机逆变器的输出电流波形深受电压波形与电动机的感应电动势之间的差值的影响，其幅值和相位在很大程度上由电动机负载决定。

电流型电动机逆变器中间直流环节的能量由电感线圈传递，在这个系统中，中间回路的电流比较稳定，电动机逆变器输出平直的矩形波电流，其电压波形受电动机感应电动势的影响，幅值与相位会随着负荷的调整而改变。因为电压型电动机与电流型电动机逆变器的结构与功能存在较大差异，所以其对电动机参数提出了不同的要求。

4.1.3 电控系统效率优化技术

电控系统效率的提高直接影响着车辆运转的经济性。目前，电控系统效率优化技术主要包括动态载频调整、DPWM（Digital Pulse Width Modulation）发波技术、过调制技术、广域高效HSM电机，具体分析如下。

◆动态载频调整技术

逆变器是电控系统损耗的主要来源，而逆变器70%的损耗来自开关。动态载频调整技术的主要功能就是降低开关损耗。通过仿真试验发现，通过调整开关频率，控制器效率可以提高2%。借助动态载频调整技术，在车辆低转速运转的情况下，在对载频要求不高时，调整载频可以减小控制器损耗，提高控制器效率，大约每100公里可以提高1.5公里。当然，为了保证电机控制效率，降低车辆噪声，驾驶员不能利用动态载频调整技术无限制地下调载频。

◆DPWM发波技术应用

相较于CPWM技术来说，采用DPWM技术可以将开关次数减少1/3，从而降低开关损耗。据计算，当调制比M>0.816，采用CPWM技术和采用DPWM技术调制下的谐波大体相似，在这种情况下可以利用DPWM技术降低器件损耗。

◆过调制技术应用

控制器损耗来源于两个方面，一是开关损耗，二是导动损耗。其中，导动损耗与输出电流密切相关。在输出功率保持不变的情况下，想要减小输出电流，必须提高输出电压。过调试技术可以提高弱磁区输出功率和输出转矩，将输出电压以及峰值功率提高4%，从而改善车辆在高速行驶状态下的动力性能；在保证输出功率相同的情况下减小电流，从而减少系统发热，提高控制器的过载能力，提高车辆的动力性能；可以提高基波电压与电机效率，将电机电流减小0~8%，从而增加车辆的续航里程。

◆广域高效HSM电机

除了要提高电机控制效率之外，还要提高电机效率。

HSM混合同步电机可以同时保证低速区效率和高速区效率。在中高速恒功率运行状态下，HSM电机的运行效率可以达到最佳。也就是说，相较于普通的IPM电机，HSM混合同步电机可以切实提高电机运行效率。

综合能效定向优化技术可以根据整车工况对电机损耗进行调整，优化电机运行效率，根据具体的车型与路况信息开发综合效能更高的电机，增加车辆的续航里程。

4.1.4 电控系统模块结温保护技术

热仿真可以获得控制器的最大能力，但最大能力未必能够为电机控制器提供有效保护，具体的实现路径非常复杂，具体分析如下。

◆IGBT结温估算现实意义

结温是判断IGBT是否处于安全运行状态的重要条件，IGBT的工作结温对控制器的最大输出能力有着直接影响。

导致IGBT出现过热损坏的原因有很多，具体包括设计因素、复杂工况、高震动、温度冲击、硅脂老化等。而单纯地利用NTC无法对IGBT结温进行有效保护。在堵转等极端工况下，热能分布不均匀、IGBT与NTC存在温差、NTC与结温的关系也不太明确，需要在前期做很多试验进行探索，而NTC的响应速度比较慢，无法对结温波动状态做出准确反馈，容易引起IGBT过热损坏，因此使用NTC进行IGBT结温保护很难达到应有的效果。并且在工况恶劣的环境下，单纯地使用NTC进行保护存在一定的危险性。

◆基于NTC的IGBT结温估算

根据电压电流频率等参数做热仿真，提取热流参数，通过计算进行校正，对IGBT结温进行预估。将测试结果、仿真结果与软件模型放在一起进行校验，可以将结温误差控制在3℃以内。

◆基于温度采样二极管的IGBT结温估算

温度采样二极管附加在IGBT中间，可以直接采集到晶元结温，提高模块能力，获得晶元的结温波动，延长晶元的寿命，提高晶元的可靠性，但这种方式可能会引发高低压安全问题。在单路二极管温度采样模式下，利用先进的损耗计算及热流参数计算方法，将计算结果与测试结果、仿真结果、软件模型放在一起进行校验，可以将结温估算误差稳态控制在3℃以内，瞬态控制在10℃以内。

◆基于结温估算的温度保护策略

基于结温估算的温度保护策略的优点在于可以直接监控结温，提高整车的加速性能；对结温进行实时监控，在堵转极限工况下将控制器的最大能力发挥出来，防止控制器出现过温损坏，提高整车的安全性；在保证车辆正常运行的状态下，充分发挥IGBT的电流能力，提高整车的动力性能；结合实际运行工况研发一些更先进的算法，如实时计算IGBT的寿命损伤度，提高整车性能等。

基于结温估算的温度保护策略主要是设置结温限制，当出现结温风险时降低载频或转矩，待风险解除后调高载频与转矩数据。

4.1.5　电机控制器技术的发展趋势

◆高安全性

新能源汽车的力矩安全需要借助SBC+MCU监控架构、高压备份电源、安全相关驱动芯片、IGBT故障的全面诊断、独立安全关断路径、独立ADC通道的旋变信号解码、不同质两路高压采样电路、不同质三相电流霍尔传感器等技术来实现，如图4-1所示。

◆高EMC等级

目前，二代产品的电磁兼容性（Electro Magnetic Compatibility，EMC）能够达到class3、class4，未来要向着class5的方向努力，尽量降低成本，做到小型化。EMC的核心突破在于利用优化的滤波方案，以更低的成本达到更高等级的要求。如果EMC能够达到class5，那么其体积占比将小于5%，成本将降至50元以内。

在EMC向高等级发展的过程中，相关人员需要做好“电控+电机”系统EMC解决方案、核心器件EMC特性研究及解决方案研究，搭建“电控+电机”系统EMC仿真平台。

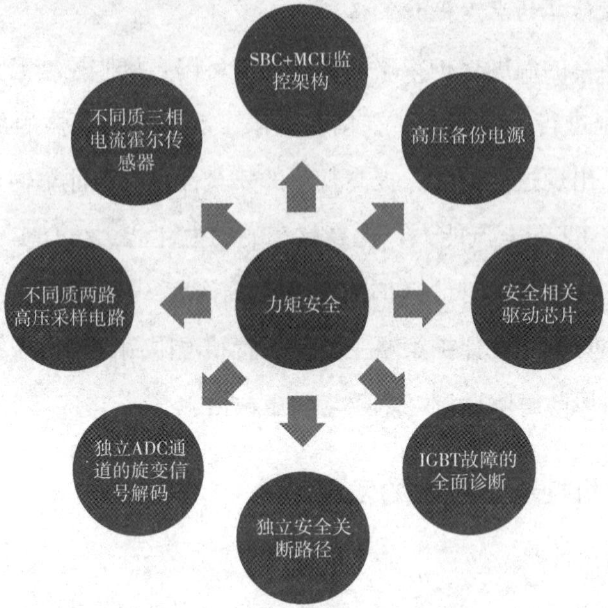

图 4–1　新能源汽车力矩安全控制策略

◆高压化

目前，乘用车的电压一般在300~400伏，未来可以向高压化的方向发展，以满足超级快速充电和功率需求。如果充电电压可以从400伏提升至800伏，那么充电时间就能缩短一半。只有完成高压化，缩短充电时间，电动汽车才有可能实现普及。在高压化的发展趋势下，逆变器也会从650伏IGBT向750伏IGBT，甚至是1200伏IGBT的方向发展。

◆高功率密度

从分装的角度看，传统易用型模块可能向着方砖、超薄外形的方向发展，最后以裸DBC或者芯片的形式呈现出来。在分装模式下，模块的体积将越来越小，芯片的运行效率、操作结温将不断提升。例如，E3芯片的操作结温为150℃，EDT2芯片的操作结温可以提升至175℃，SiC碳化硅芯片的结温将超过175℃。

如果E2芯片功率损耗为1，那么EDT2芯片的功率损耗将达到0.8，SiC碳化硅芯片的功率损耗将降至0.3~0.5。

SiC器件的使用可以显著降低开关损耗，提高系统运行效率，缩短死区时间，促使系统输出能力不断提升，电池包和控制器的成本将下降5%，车辆运行里程将增加10%，整车运行效率将得到大幅提高。

随着器件不断迭代更新，分装技术不断升级，成本将不断下降。从产品层面来看，供应海马的控制器的功率密度可以达到18kW/L，第二个乘用车控制器的功率密度可以达到26kW/L，最新乘用车控制器的功率密度可以达到35kW/L，使用SiC材料之后，控制器的功率密度可以达到45kW/L。

目前，模型电容已经支持定制，甚至可以集成应用EMC。如将控制器EMC中的Y电容加一个电路板，向着集成化的方向发展。除电机控制器之外，系统也将向着集成化的方向不断发展。

4.2 电机流派：驱动电机类型与转速控制

在工业领域，电动机的应用范围极广，功率跨度大，种类也比较多。但因为新能源汽车对驱动电机的功率、转矩、体积、质量、散热等方面的要求更高，所以新能源汽车驱动电机的性能比工业电机的性能更高。例如，新能源汽车驱动电机的体积要小，以便在有限的空间里安装使用；要能够适应跨度更大的工作温度，适应不稳定的工作环境，实现高稳定运行，以保证车辆和驾乘人员的安全；要具备较高的功率密度，以满足汽车对加速性能的高要求。目前，市面上能够满足这些要求的驱动电机种类较少，产品比较集中。

电力驱动系统是纯电动汽车的核心，主要由电子控制器、驱动电动机、电动机逆变器、各种传感器（加速踏板位置传感器、制动踏板开关、转向盘转角传感器等）、机械传动装置（变速器和差速器）和车轮等部分组成，主要功能是将电能转换为可以驱动车辆行驶的机械能，并在车辆减速制动时将车轮的动能转化为电能，在动力电池中储存下来。

电力驱动系统通过人踩踏加速踏板的动作输入动能，经过驱动系统电子控制器转换后，向电动机逆变器输出转矩给定值，由电动机逆变器控制驱动电动机输出转矩，从而驱动电动汽车按照驾驶人的命令行驶。如果电子控制器同时收到制动信号和加速信号，会优先响应制动信号。

在电动汽车的电力驱动系统中，电动机逆变器发挥着重要作用，主要功能是对动力电动机和动力电池之间的电流频率和幅值进行调节，使其相互匹配，然后将动力电池的直流电转变为交流电，将电能转换为机械能，在传统系统的作用下，利用电动机输出的转矩驱动车轮，满足电动汽车的行驶要求。

对于纯电动汽车来说，驱动电动机是唯一的动力装置，主要任务就是将动力电池提供的电能转化为机械能，并在车轮制动时将制动能转化为电能回收，存储到动力电池中。为了满足纯电动汽车在行驶过程中频繁的启动、加速、减速等需求，驱动电动机要具备较高的性能，具体包括转速高、电压高、体积小、质量轻、启动转矩较大、恒功率范围较宽、调速性能较强、瞬间功率大、加速性能好、过载能力强、工作效率较高、能耗较低、可以回收制动能量、驱动时没有噪声、环境适应性强、耐温耐潮湿、可靠、生命周期长、结构简单、维修方便等。

目前，纯电动汽车使用的驱动电动机主要有四种类型，分别是交流感应（异步）电机、永磁同步电机、开关磁阻电机、直流电动机。

4.2.1 交流异步电机

交流异步电机又称为感应电机（Induction Motor），工作原理是三相交流电通过定子绕组，定子绕组中的励磁电流在定子铁芯中产生旋转磁场，在感应电流的作用下，转子做旋转运动。当转子带有机械负载时，转子电流增加，在电磁感应的作用下定子绕组中的励磁电流也随之增加。交流异步电机采用脉宽调制的方式将三相交流电转换为高压直流电，并利用变频器对电机进行调速，采用矢量控制或直接转矩控制，提高转矩控制的响应速度，满足负载变化的要求。

交流异步电机结构简单，定子转子之间不需要直接接触，运行过程比较可靠，转速高，维护成本低，缺点在于能耗高，转子在运行过程中发热速度快，在高速运行的过程中需要额外配备冷却系统；功率因数低，需要配备大容量的变频器，而且造价较高，调速性较差。目前，交流异步电机主要在电动客车、物流车、商用车等对速度性能没有太高要求的车型中应用。

目前，在纯电动汽车领域，交流三相感应电动机的使用范围最广。交流三相感应电动机的定子和转子通过硅钢片叠压在一起，没有通过滑环、换向器等部件连接，结构简单、运行稳定、可靠性好、使用寿命长，无须过多维护。相较于直流电动机，交流三相感应电动机的体积小、质量轻、运转效率高，并且转矩脉动小、噪声小、转速极限高、响应快，可以使用空气冷却或液体冷却等方式快速冷却，可以应用于各种环境，实现再生反馈制动。

交流三相感应电动机的缺点在于逆变器结构复杂、容易损坏。但随着电子技术快速发展，调速方法不断改进，交流三相感应电动机的调速性能大幅提升，直追直流电动机。但因为交流三相感应电动机无法直接使用动力电池提供的直流电，再加上电动机具有非线性输入特性，使用时需要通过逆变器中的功率半导体器件将直流电转化为交流电，对交流三相感应电动机旋转磁场的磁通量和转矩进行控制，改变电动机的转速与输出转矩，满足负载变化要求，满足电动机在纯电动汽车上的应用要求。

4.2.2 永磁同步电机

◆永磁同步电机的特点

因为磁场是由永磁材料打造的，所以，永磁电动机一般采用电流控制，具有体积小、调频范围宽、功率密度大、效率高、惯性小、响应速度快等特点，缺点在于价格高，功率与体积、质量不可兼得。如果功率大，就很难做到体积小、质量小。随着电子技术的不断发展，成本不断下降，永磁电动机有可能在电动汽车领域实现广泛应用。

永磁同步电机的转矩较大，驱动效率、功率密度都比较高，调速范围比较宽，结构简单，体积比较小，在运行过程中不会出现励磁损耗和散热问题，缺点在于在高速运行过程中不容易控制，而且存在无法解决的永磁体退磁问题，另外电动机造价也比较高。目前，永磁同步电机主要在电动乘用车领域应用，研究人员正在尝试将其应用于中小型客车。永磁无刷直流电动机主要在小功率电动汽车、低速电动车领域应用。

◆永磁同步电机的转速控制

永磁同步电机通过改变供电电源的频率来进行转速控制，常用的变频调速方式有四种，分别是转速闭环恒压频比控制、转差频率控制、基于磁场定向的矢量控制以及直接转矩控制，具体分析如下。

（1）转速闭环恒压频比控制

转速闭环恒压频比控制的应用范围最广，通过保持v/f恒定来保持磁通不变，通过控制转差频率对电动机的转矩和转速进行控制。这种转速控制方法的优点在于操作简单、调速方便、稳定性较高；缺点在于低速带载能力不强，需要对定子压降进行补偿，只能对电动机的气隙磁通进行控制，无法调节转矩，所以性能不高。

（2）转差频率控制

转差频率控制的优点主要体现在频率控制环节的输入时转差信号，转差信号与实际转速信号相加得到频率信号。在转速变化的过程中，随着转速上升或下降，实际频率也会上升或下降。虽然转差频率控制可以控制电动机的转矩，但因为以稳态模型为依托，无法对动态过程中的转矩进行有效控制，无法得到理想的动态控制性能。

（3）基于磁场定向的矢量控制

在基于磁场定向的矢量控制理论的支持下，交流电动机控制理论得到了进一步发展，它以转子磁链旋转空间矢量为坐标，对定子电流进行分解，生成相互正交的两个分量，一个分量与磁链保持相同的方向，代表定子电流励磁分量；另一个分量与磁链方向正交，代表定子电流转矩分量。对这两个分量进行控制，可以获得良好的动态特性。

由于控制结构比较简单，控制软件容易操控，因此基于磁场定向的矢量控制在电动机调速控制系统中得到了广泛应用。但由于这种控制方法在应用时要改变坐标，而且要对转子磁链进行准确观测，对电动机参数的依赖度较高，如果不能完全解构，很难获得理想的控制效果。基于磁场定向的矢量控制的优点包括调速范围宽、动态性能好，缺点主要是其按转子磁链定向深受电动机参数变化的影响，准确度可能不高，导致系统的调速性能较低。为了解决这一问题，可以为其配备智能化调节器来提高系统的调速性能和鲁棒性。

（4）直接转矩控制

直接转矩控制会按照一定的规则从预制开关表中选择一些近似合适的电压空间矢量来控制电动机转矩和磁链，因为能够选择的空间矢量有限，可能导致系统磁链和转矩脉动较大。在一个控制周期内，相邻基本电压矢量和零矢量相加可以得到所需的电压矢量，并且支持电压矢量实现线性连续调整，从而提高对电动机磁链和转矩控制的精准度，使转矩脉动下降。

4.2.3 开关磁阻电机

开关磁阻电机（ Switched Reluctance Motor ）的定子和转子铁芯是硅钢片通过叠压的方式形成的，利用冲片上的齿槽形成双凸极结构，定子产生扭曲磁场，在“磁阻最小原理”的驱动下不停地运动。开关磁阻电机的优点在于结构简单，容易控制，运行过程中的稳定性高，制造成本低，启动制动性能较好，运行效率较高，缺点在于噪声大，转矩存在严重的脉动现象，很少在新能源汽车领域应用。

开关磁阻电机的优点包括结构简单、安全可靠、低速转矩大、启动转矩大、启动电流小、工作效率高、调频范围宽、转子无绕组，可以在频繁正反转及冲击载荷等工况条件下使用。缺点在于存在严重的转矩脉动、振动频率高、噪声大、逆变器复杂、价格高。

开关磁阻电机转速控制系统包括开关磁阻电机、功率变换器、电子控制器、位置检测器、电流检测器等部件，可以将动力电池的能量转化后供给开关磁阻电机，通过对动力电池或交流电进行整流得到直流电。因为SRM绕组电流是单向的，所以功率变换器的主电路结构比较简单，相绕组与主开关器件通过串联的方式连接在一起，极大地降低了短路故障的发生率。

电子控制器通过对速度指令、速度反馈信号进行综合处理，对功率变换器中主开关器件的工作状态进行有效控制，来控制SRM绕组的运行。开关磁阻电机要配备精度较高的位置检测器，将电动机转子的位置、转速和电流的变化信号输入控制系统，并且要配备较高的开关频率，以免电动机噪声过大。

4.2.4 直流电动机

直流电动机（ DC Motor ）是最早使用的一种驱动电动机，逆变器采用斩波器控制。直流电动机在定子主磁极上绕制励磁线圈，在直流电的作用下产生磁场，直流电通过转子电枢绕组，通电绕组在磁场中输出电磁转矩拖动负载运行。直流电动机的优点有很多，包括技术体系成熟，速度控制简单，应用成本低，启动转矩和制动转矩大，可以快速启动和停止，调速方便且调速范围广，可以进行平滑调速；缺点在于质量和体积较大，可靠性较差，需要定期维护。

如果电刷、换向器磨损，就会导致直流电动机的运行效率下降，高速运转时可能产生火花，威胁车辆安全。在这种情况下，直流电动机的转速不能太高。早期的电动汽车驱动系统多使用直流电动机，新研制的新能源汽车很少使用这类电动机。

◆直流电动机的两种转速控制方式

直流电动机可以通过两种方式控制转速，分别是电枢电压调节法和电枢回路电阻调节法，如表4–3所示。

表4–3　直流电动机的两种转速控制方式

转速控制方式	工作原理
电枢电压调节法	电枢电压调节法指的是通过改变电枢电压对电动机的转速进行控制，降低电枢电压，在转速、阻力矩还没有改变时，电枢电流产生的电磁转矩就会下降，进而带动电枢转速下降。电枢转速下降会导致电枢反电动势减小，电枢电流回升，电枢电磁转矩增大，直到与电动机阻力矩达到一致，电动机才会在低转速的状态下保持稳定运转
电枢回路电阻调节法	电枢回路电阻调节法指的是在磁极绕组励磁电流不变的情况下，通过对电枢回路的电阻进行调整，引发电流变化来调节电动机的转速。但因为这种方法的机械特性较弱，容易导致电动机运转不稳定，再加上电枢回路串入电阻会消耗一定的电能，应用于电动汽车的直流电动机很少使用这种方法控制转速

◆直流电动机的转速控制

直流电动机的结构比较简单，制造、维护都比较方便，但其转速控制却比较复杂。随着电力电子技术、控制技术和计算机技术不断发展，交流传动与控制技术逐渐落地应用。以转差功率为标准，直流电动机的转速控制可以分为三种类型，如表4–4所示。

表 4–4　直流电动机转速控制的三种方式

转速控制方法	工作原理
转差功率消耗型转速控制	转差功率转换成热能消耗在转子回路中，通过增加转差功率的消耗来降低转速，效率较低，而且效率会随着转速的下降而下降，优点在于结构简单、成本低，因此仍有一定的应用价值
转差功率馈送型转速控制	一部分转差功率被消耗，大部分通过变换装置转化成机械能予以利用，或者直接回馈给系统。因此，相较于转差功率消耗型转速控制方法来说，这种方法的效率更高。如果转差功率从转子侧送入，就可以让转速高于同步转速。因此，这种转速控制方法的适用范围有限，只能用于绕线型感应电动机，而且成本较高
转差功率不变型转速控制	这类系统无论转速高低，转差功率都为转子铜损耗，保持不变，因此效率较高。如果对这种转速控制方式进行细分，可以分为变极对数调速和变压变频调速，其中变极对数调速的应用范围有限，变压变频调速的应用范围更广

4.3　电驱系统：电能和机械能的相互转化

4.3.1　驱动控制器关键技术

电池技术、电机技术以及电机控制器技术是驱动新能源汽车发展的三大关键技术。其中，由于电池技术的研发难度大，所以在电池技术未取得突破性进展的前提下，提高电机驱动系统的可靠性、安全性、效率等就成为了新能源汽车开发的重中之重。而且，从我国新能源汽车的发展现状以及未来规划等层面来看，我国政府以及相关企业已经将电机驱动系统划定为主要的研究方向。

在新能源汽车的电机驱动及控制系统中，电机驱动控制器是核心组成部分。电机驱动控制器指的是用于连接电池和电机的电能转化单元。为了保证电机控制器的高效率、低损耗以及高功率密度等特性，需要引入器件级集成设计方法、智能门极驱动技术和高性能、大功率的半导体器件。

◆功率半导体器件技术

就目前相关领域的研究来看，电机控制器已经从传统单面冷却封装、硅基绝缘栅双极型晶体管（IGBT）等技术向双面冷却集成、定制化模块封装以及宽禁带半导体（如SiC、GaN等）等技术发展，不过仍然以功率半导体器件作为研发重点。同时，与宽禁带半导体器件相比，硅基IGBT凭借技术及成本等方面的优势，已经成为电机控制器产品在未来相当长时间内的主要选择。

目前，在硅基IGBT芯片技术领域，国外一些主要厂商已经纷纷推出了自己的研究成果。如以富士集团等为代表的日本厂商不仅研发出了高功率密度的IGBT芯片技术，而且已经将相关的技术成果应用于汽车IGBT模块产品中；德国英飞凌科技公司聚焦新能源汽车对高功率密度的需求，研发出EDT2芯片，并进一步实现了750V/270A IGBT芯片的量产。

此外，以SiC器件等为代表的第三代半导体材料功率器件的发展潜力也不容忽视。与硅基器件（IGBT、MOSFET等）相比，SiC器件的优势体现在以下几个方面，如表4-5所示。

表4-5　SiC器件的三大优势

序号	优势
1	具有饱和电子漂移速率大、击穿场强高、禁带宽度大、耐高温、热导率高等特性。以对温度的耐受为例，硅基IGBT最高可耐175 ℃，而SiC器件能够耐受超过225 ℃的高温
2	支持的开关速度更快，不仅能够用于控制高速电机，而且还可以应用于频率更高的开关
3	导通损耗和开关损耗相对较低，进一步降低了新能源汽车的耗电量，大大增加了其续航里程

虽然SiC器件具有上述优势，但由于其成本远高于硅基IGBT，所以目前并未得到进一步推广。

实际上，硅基IGBT芯片的发展离不开诸多技术的推动。例如，瞬态液相焊接、银烧结、芯片倒装、铜线键合等技术能够有效提高IGBT功率模块的载流密度及使用寿命。以英飞凌、德尔福等为代表的中外科技企业不仅相继研制出基于双面冷却的IGBT模块与电机控制器产品，而且部分研究成果已经应用于新能源汽车。综上可以看出，硅基IGBT器件芯片与功率模块封装技术将成为研究重点，而基于硅基IGBT的电机控制器将持续主导市场。

◆智能门极驱动技术

在电机控制器中，门极驱动技术将低压控制电路与高压功率半导体器件相连，对于功率半导体器件的驱动而言是不可或缺的。IGBT门极驱动除了具有一般门极驱动的保护、驱动和隔离功能外，在应用的过程中可以结合IGBT的特性对开关过程进行精准控制，使得IGBT具备抗电磁干扰（EMI）和减小损耗的功能。

智能门极驱动技术一般具有两个主要功能，一是监控诊断功能，二是主动门极控制功能。其中，主动门极控制能够根据具体的工作环境和工作状况，使IGBT开关过程达到精细化控制。目前，在IGBT应用领域，主动门极控制技术已经成为研究热点，基本的研究逻辑为：将IGBT的开关过程进行阶段性划分，然后围绕具体阶段的具体问题进行研究。

综合来看，智能门极驱动的研究和应用，除了可以实现电机控制器安全性和可靠性方面的设计需求，有助于完成功率半导体器件的健康状态在线评估外，还有助于功率半导体器件性能的充分发挥。

◆功率组件的集成设计

为了与新能源汽车领域的应用相适应，电机控制器产品需要满足高可靠性、长使用寿命和高功率密度等方面的要求。因此，功率半导体模块封装应该采用定向设计模式，功率半导体器件也应该与其他电子部件的发展趋势保持一致。目前，在新能源汽车的电机控制器应用方面，基于器件的集成设计已经成为最新趋势。

器件集成设计技术基本可以分为两类，如表4–6所示。

表 4–6　器件集成设计技术的两种类型

类型	具体内容
物理集成设计	物理集成设计指的是以电机各个器件之间的物理结构为研究重点的集成设计方法。物理集成设计能够对机械强度、散热以及集成参数等因素进行平衡和优化，兼顾磁、热、电、机四个层面，最终实现电机控制器可靠性强、功率密度高的设计目标
需求集成设计	需求集成设计指的是以整车和电驱动系统的需求为主要出发点，对功率模块封装以及IGBT芯片设计等领域进行指导，建立一种自上而下的优化设计体系。需求集成设计以整车设计和性能需求为导向，有助于降低电池损耗、增加车辆的续航里程

◆其他关键技术

除功率半导体器件技术、智能门极驱动技术以及功率组件的集成设计外，还有其他可能影响新能源汽车驱动控制器的技术，具体分析如下。

（1）EMC与可靠性设计

EMC与可靠性设计相关的技术是电力电子产品的关键评价指标。实际上，新能源汽车一直将更有效的EMC设计作为追寻的目标。目前，EMC与可靠性设计接近主流的技术路线如下：首先以有限元分析的方法为指导建立“元件—部件—控制器”的EMC高频仿真模型；其次进行针对性的失效机理研究；最后在相关验证试验的辅助下进行电磁兼容的正向设计。

（2）汽车功能安全设计

进行汽车功能安全设计的主要目的是尽可能避免由电子与电气系统的功能异常而导致的风险。目前大多数电机控制器功能安全需求等级为ASIL C，随着可靠性更高、冗余性更强、复杂度更高的电机控制器产品的推出，电机控制器功能安全需求等级有望提升至ASIL D。

（3）电机控制器产品的可靠性设计

对于新能源汽车来说，电机控制器是核心的驱动单元，电机控制器产品的可靠性设计将在很大程度上影响用户的使用体验。以美国和德国汽车电子厂商联合推出的鲁棒性验证（RV）方法为例，在博世集团以及英飞凌科技公司的助力下，这种方法已经在半导体分立器件的可靠性设计分析领域实现了较为广泛的应用。

4.3.2 驱动电机的关键技术

与传统的内燃机汽车相比，新能源汽车以电动机作为主要的动力输出装置。由于新能源汽车在发展的过程中对驱动电机的效率、功率密度、宽调速范围等方面的要求越来越高，传统的直流电机、感应电机驱动技术已经无法满足新能源汽车的需要，因此，稀土永磁体励磁的永磁同步电机技术便成为了主要的驱动电机解决方案。

不过，驱动电机的效率和功率密度也处于不断提高的阶段，使得采用传统工艺和传统结构的永磁同步电机无法满足更高的需求。于是，新兴的造车势力以及传统的主机厂开始在驱动电机的关键技术领域发力。

◆ 多相永磁电机技术

在输出功率相同的情况下，多相电机不仅母线电压比传统的三相电机低，而且容错能力更强、转矩脉动更小。而新能源汽车的电驱系统对于声振粗糙度、震动以及噪声等方面的要求也更高，所以多相电机应用于新能源汽车的电驱系统具有明显的优势。

以双三相永磁同步电机为例，这种电机的两套绕组在空间上约为30°，相当于能够消除5次与7次谐波磁势，使得电机的转矩脉动大幅减小。而与四相或五相电机相比，双三相永磁同步电机两套绕组采用了隔离中线的设计，使得系统的阶次有所降低，有利于进行相应的控制或分析。尤其在电机或控制器发生故障的情况下，双三相永磁同步电机系统的容错运行控制不需要对控制算法进行大量更改。所以，在新能源电机驱动系统领域，双三相永磁同步电机技术也是研究热点。

◆永磁同步磁阻电机技术

永磁同步磁阻电机是在“永磁同步电机”的基础上融合了“磁阻电机”，使得永磁同步磁阻电机相较于传统的永磁同步电机来说具有多方面的优势。例如由于永磁同步磁阻电机是一种不使用或较少使用稀土的永磁电机方案，所以磁阻转矩较大，并且永磁体磁链较小；永磁同步磁阻电机的高效率调速范围更为宽广，还拥有较低的磁饱和问题、很高的功率密度以及很高的扭矩电流比。

目前，在整个驱动电机领域，永磁同步磁阻电机技术被赋予较高的期待。但永磁同步磁阻电机技术面临着一些重点和难点问题，例如，最优电流角度变化大、制造设备成本高、制造工艺复杂、转子结构设计复杂等。此外，永磁同步磁阻电机技术的发展还会给不擅长研发、严重依赖廉价稀土永磁体的企业带来一定的冲击。

◆轮毂电机技术

轮毂电机是将汽车的动力系统、传动系统与刹车系统集成到一起而设计的电机，这也就使得其应用于新能源汽车之上具有独特的优势，例如，可以节约更多的底盘空间，供电池包等部件使用；便于实现四轮分布式驱动；不需要额外配备差速器、传动轴以及变速器等机械传动部分。不过，新能源汽车的驱动电机要采用轮毂电机技术仍然面临一系列挑战，例如，驱动控制算法更加复杂，要解决电机的散热问题、防尘问题以及防水问题等，车轮的转动质量和簧下质量也会提升。

目前，国内外一些代表性企业已经相继开始针对轮毂电机技术进行研究。Elaphe等国外代表性企业不仅推出了自主研发的产品样机，而且与国内的万安科技、亚太机电等企业合作；湖北泰特机电有限公司等国内领先企业也纷纷推出了针对特殊车型的轮毂电机方案。

◆永磁体散热技术

在影响车辆驱动电机输出性能的诸多因素中，永磁体性能的稳定性不容忽视。但在车辆运行过程中，温度的升高容易导致永磁体退磁，导致驱动电机转矩的输出能力下降。此外，当永磁体工作温度过高时，还会导致驱动电机的功率因数和高效率运行区域受到影响。虽然关于这一问题国外已经进行了大量的理论研究，但从实践层面来看，为车辆配备性能稳定的低成本的温度传感器，在车辆运行过程中对温度进行实时监测是唯一有效的解决方案。

由于过去对电机散热方式的研究基本以分析定子和端部绕组为焦点，因此，如果转换角度从电机转子的角度进行电机散热方式和散热结构方面的研究，势必能对新能源汽车动力稳定性的提高提供一定的参考和借鉴。当然，要从根本上解决永磁体高负荷、高温工况下磁性能退化问题，还需要研制能够应用于高功率密度电机的耐高温永磁体。

◆其他技术

由于我国新能源汽车领域的相关研究起步较晚，为了能在较短的时间内迎头赶上，除了上面提到的技术外，还应该关注局部去磁化技术、高耐压绝缘材料技术、串并联绕组切换电机技术、超级铜线技术等。而且，与西方发达国家相比，我国在电机电控深度集成、无刷励磁同步电机技术、高速轴承技术等领域存在明显不足，需要在科研项目以及产业布局等方面进行重点探索。

4.3.3 电驱系统集成化趋势

传统燃油汽车的车载电机中也有电机控制器。电机控制器利用中低压变频的方式，借助功率半导体、微处理器等电力电子器件，对车用空调压缩机、转向助力泵电机等进行调控。在实际运行过程中，电动汽车的电机控制器会根据接收到的制动踏板、油门踏板、换挡机构等整车控制器和控制机构传递的控制信息，对驱动电机的转速、转矩和转向以及动力电池的输出进行控制。

目前，很多电动汽车开始使用“多合一”的电控产品。之所以称其为“多合一”，是因为这种电控产品集成了传统汽车多种独立的功能，例如，空调压缩机、转向助力泵电机、气泵电机控制器，以及混合动力车型中采用的BSG/ISG电机等。随着微芯片在总成控制以及整车领域的广泛应用，“多合一”电控产品的成本将不断下降，这种集成化的“车辆中央控制器”将逐渐取代过去的单一控制器。

◆电控系统在新能源汽车中处于核心地位

新能源汽车电控系统的设计在很大程度上取决于电机系统，即要根据不同的电机开发不同的技术平台。早期使用的直流电机的控制方式一般为脉宽调制（PWM）斩波控制，控制方法比较单一，没有太大的应用空间。近年来，随着感应电机和永磁电机取代直流电机，电控系统开始变得复杂，控制方式逐渐转变为矢量控制技术和直接转矩控制技术。未来，顺应电动汽车的普及应用趋势，电机和电控系统的集成水平要不断提升。随着电机与电控企业深入开展业务合作，将出现能够提供电机电控一体化动力总成产品的企业。这类企业以及产品的出现有利于降低新能源汽车的重量与造价成本，进一步提高新能源汽车的竞争力。

◆国产替代势在必行，电机电控行业加速整合

同样是新能源汽车非常重要的电力系统，电机电控受到的关注度远不及动力电池，原因主要在于以下两个方面。

一方面，新能源汽车电机电控产业的发展时间与国内电动汽车的发展时间几乎相同。目前，新能源汽车企业正在探索电动汽车研发、采购、生产、销售等流程，行业标准与行业体系也亟待建立与完善。

另一方面，早在20多年前，锂电池就已经在3C等领域有了广泛应用，并且形成了相对完善的技术标准和产品体系，为转用于电动汽车的动力电池提供了有

益借鉴。但由于新能源汽车电机与工业电机的要求不同，技术路线也存在较大差异，市场被创业型企业占据，还没有形成清晰稳定的市场格局。

目前，新能源汽车驱动电机领域有两大类厂商：第一类是拥有电机电控供应链的电动汽车整车企业，这类企业可以凭借自身的生产能力或供应链能力为客户提供全部或者部分电机电控产品，也可以生产部分整车厂的电机电控产品。目前，在国内，这类厂商的代表有比亚迪、北汽新能源、江铃新能源、长安新能源、中通客车、厦门金龙等，它们大多是拥有完整的零部件生产能力的传统汽车制造企业。

第二类是专门从事汽车零部件生产或电机电控产品生产的企业，包括采埃孚、大陆、博世、日立、现代摩比斯等国际知名的汽车零部件供应商，以及上海电驱动、上海大郡、精进电动、台湾富田电机等新兴的专业电机电控制造企业。

◆进口替代任重道远，产业链细化势在必行

目前，我国已经在动力电池领域建立了完整的技术研发体系，但高性能电驱动系统的研发才刚刚开始，高性能电机还处在研发设计阶段。在电驱动系统的产业链快速发展阶段，每家企业都有机会在产品、技术领域脱颖而出，在电动汽车市场占据一席之地。

随着供给侧改革稳步推进，环保税征收有序进行，在"三去一降一补"①政策中，钢铁行业去产能首当其冲。在多重因素的交互作用下，电机厂商不得不面对物流成本不断增长的问题。在这种情况下，电机厂商只能通过技术革新减少金属材料的用量，提高电机的功率密度，以应对整车成本下降以及原材料成本上涨等多种问题。

目前，电机、电控行业的技术、产品更新速度都很快，企业不断加大在技术

---

① "三去一降一补"即去产能、去库存、去杠杆、降成本、补短板五大任务。

领域的投入，但整个行业还没有进入激烈竞争阶段。由于大多数新能源汽车电驱动系统的企业是由传统工业电机、变频控制等企业转型而来，可以轻而易举地增加产能，但需要面对产品定型后行业市场竞争突然激烈的风险。目前，电驱动行业的企业越来越多，但还没有出现垄断企业。此外，在新能源汽车的整个产业链中，电机、电控企业位于中游。在产能充足的情况下，企业要承受来自上下游的双重成本压力，这里的上游主要指原材料及核心零部件企业，下游主要指整车企业。

因此，在新能源汽车市场快速发展的过程中，供应商想要脱颖而出占据较大的市场份额，必须同时具备技术优势与市场优势。为了做到这一点，一方面，企业要具备电机控制系统领域的技术优势与生产优势，以及较强的动力总成系统集成能力，降低设计成本与生产成本，进而降低整体的产品成本；另一方面，企业要积极与下游整车企业签订合作协议或者结成战略联盟，增强客户黏性。

第5章
电池管理系统：新能源汽车的“血液”

5.1 市场格局：汽车电池管理系统产业链

5.1.1 BMS的组成与核心功能

电池管理系统（Battery Management System，BMS）又被称为电池保姆或电池管家，主要功能是对各个电池单元进行智能化管理与维护，防止电池过度充电与过度放电情况发生，延长电池使用寿命。

BMS主要由以下几个部分组成：BMS电池管理系统、控制模组、显示模组、无线通信模组、电气设备、为电气设备供电的电池组、采集电池组信息的采集模组。BMS系统通过通信接口与无线通信模组及显示模组连接，输入端与采集模组的输出端相连，输出端与控制模组的输入端相连，控制模组与电池组及电气设备相连，整个系统通过无线通信模块与Server服务器相连。

◆ BMS的基本组成

BMS与电动汽车的动力电池紧密连接，利用传感器对电池的运行状态进行实时监控，包括电池的电压、电流、温度等，同时还可以进行漏电检测、热管理、电池均衡管理、报警提醒、计算电池剩余容量、计算放电功率、报告电池劣化程度，根据电池的电压、电流、温度等信息，利用算法控制电池的最大输出功率，从而计算车辆的最远行驶里程，并利用算法对充电机进行控制实现最佳电流充电，利用CAN总线接口与车载总控制器、电机控制器、能量控制系统、车载显示系统等连接以开展实时通信。

BMS主要由BMU主控器、CSC从控制器、CSU均衡模块、HVU高压控制器、BTU电池状态指示单元及GPS通信模块构成（见图5–1），可以应用于电动工具、电动单车、电动叉车、智能机器人、IoT智能家居、轻混合动力汽车、主从分离式电动汽车（纯电动、插电式混合动力）、电动船舶以及三层架构的储能系统等。

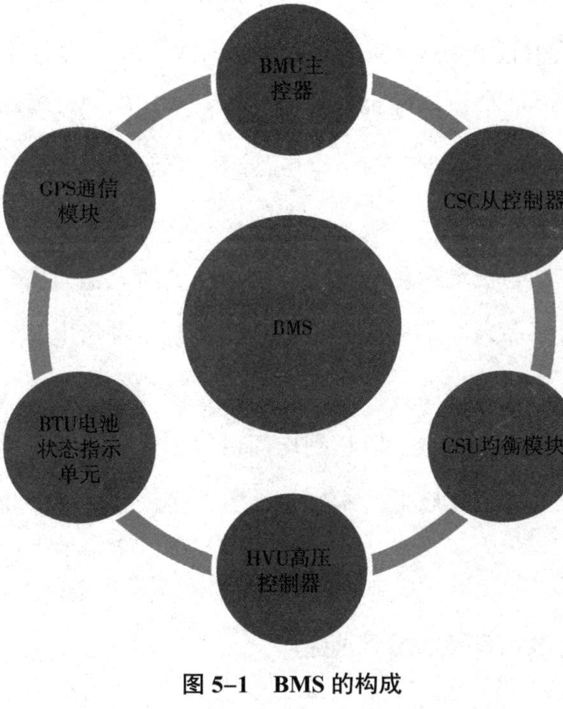

图5–1　BMS的构成

◆BMS的核心功能

（1）电芯监控技术

BMS可以采集单体电池的电压、温度，对电池组的电流进行监测等。

对于电池组来说，温度测量非常重要，这里的温度不仅包括单个电池的温度，还包括整个电池组的散热液体温度。为了保证温度测量结果的准确性，不仅需要将温度传感器放在合适的位置，而且还要精准控制温度传感器的数量，与BMS控制模块相配合。因为电池组散热液体温度监控的重点在出入口位置，所以要对出入口位置的流体温度做好监测，监测精度的选择与单体电池相似。

（2）SOC技术

SOC技术主要用来对电池剩余电量进行测算。在BMS系统中，SOC是一项重要参数，其精度与鲁棒性（纠错能力）非常重要。没有精准的SOC为基础，其他功能再多，也无法保证BMS正常工作，而且电池需要一直处于保护状态，无法延长使用寿命。SOC的估算精度越高，在电容容量相同的情况下，电动汽车的续航里程越长。在高精度SOC的支持下，电池组的效能可以实现最大化。

（3）均衡技术

均衡技术有主动与被动两种，主动均衡是在电池充电时将多余电量转移至高容量电芯，放电时将多余电芯从高容量电芯转移至低容量电芯，以提高电池的利用效率，但这种方式成本较高，可靠性较差。被动均衡则是采用电阻放热的方式释放高容量电池中的多余电量，以达到均衡目的，这种方式的电路比较简单，成本较低，但是电池效率也比较低。未来，随着电芯一致性不断增强，被动均衡或将实现广泛应用。

5.1.2 新能源汽车BMS产业链

典型的BMS主要由三部分组成，分别是硬件电路、底层软件和应用层软件，其中硬件电路是基础，底层软件和应用层软件是实现BMS功能的主体。在BMS的整个产业链中，元器件供应商和印制电路板（Printed Circuit Board，PCB）加工制造商构成了上游，新能源车、储能和消费电子等行业构成了下游。

BMS产业链的上下游都有代表性企业，其中，上游集成电路领域的代表性企业包括士兰微、中芯国际、台积电等，印制电路板行业的代表性企业包括鹏鼎控股、东山精密、深南电路等；下游包括以电装、亿能电子、妙益科技等为代表的专业BMS供应商，以LG、三星、宁德时代为代表的动力电池BMS供应商，以及以特斯拉、上汽集团、长安汽车等为代表的整车供应商。

◆我国BMS产业的发展历程

迄今为止，我国BMS产业的发展大致经历了三个阶段，分别是技术探索期、技术验证期和大规模应用期，如表5–1所示。

表 5–1　BMS 产业发展的三个阶段

阶段	成就
技术探索期：2000—2005年	科技部组织国内多家企业、高校、科研机构进行联合攻关，设立电动汽车重大研究专项，积极推进BMS的研究、开发与工程化应用，取得了一系列成果
技术验证期：2005—2010年	国家将新能源汽车重大专项列入“863”计划，并在新能源汽车电池管理系统研发领域取得重大进步，同时以比亚迪、北汽为代表的国内新能源汽车厂商开始积极研发动力电池管理系统
大规模应用期：2010年至今	电池管理系统的技术水平大幅提升，具备热管理、充放电管理、安全管理及通信等功能，国内电池管理系统进入大规模推广与应用阶段，技术性能接近国际水平

◆我国新能源汽车BMS产业链

（1）上游供给情况：集成电路和印制电路板供应规模持续上涨

在集成电路领域，相关企业不断加大投入，积极引进科研人才，努力突破技术壁垒，推动集成电路行业不断发展。根据国家统计局发布的数据，近几年，我国集成电路的产量不断增长。2020年，我国集成电路产量达到了2614.7亿块，同比增长29.6%。

在印制电路板领域，印制电路板的质量直接影响着电子产品的可靠性以及下游产品的整体竞争力。通信电子、消费电子是PCB的主要应用领域。据统计，2014年以来，我国印制电路板的产值连续增长，到2020年达到了351亿美元，同比增长6.69%。

（2）下游应用情况：汽车方向BMS布局较多

目前，在BMS产业链的下游，汽车动力BMS、储能电池BMS、消费电子BMS等是主要研究方向。受新能源汽车产业扶持政策的影响，汽车动力BMS吸引了大量企业布局，推动BMS等汽车配套产业快速发展，推动相关市场快速扩张。

5.1.3 我国BMS产业的竞争格局

随着我国企业在BMS相关技术领域取得重大突破，以及BMS的应用范围持续扩展，我国BMS市场规模不断扩大。结合GGII（高工机器人产业研究所）发布的数据以及BMS产业链下游的市场需求分析，在2018年以前，我国BMS领域的市场需求持续增长。2019年，由于新能源行业的政策补贴减少，新能源汽车市场的发展速度大幅下降，进而对新能源汽车动力电池BMS的装机量造成了不良影响。据统计，2019年，我国BMS行业整体需求规模下降至91亿元。2020年，BMS行业整体需求规模有所增长，达到了97亿元。

在三类BMS产品中，集中式BMS产品的出货量最大，在市场中的占比达到了57%；分布式BMS和半集中式BMS的出货量占比总和为43%。其中，集中式BMS产品的成本较低，结构比较简单，适用于小型设备的电池包；分布式BMS产品的可复制性较好，适用于不同类型设备的电池包，有望成为BMS技术发展的主要方向。

在电池系统中，电池管理系统是核心部分，相当于电池的"大脑"，应用范围非常广。近几年，随着新能源汽车市场快速发展，电动汽车成为BMS的主要应用领域。锂电大数据发布的资料显示，在我国电池管理系统市场中，电动汽车行业BMS的市场占比从2016年的37%增长至2020年的54%，储能MBS和消费电子MBS的市场占比则出现了不同程度的下降，前者到2020年降至23%，后者到2020年降至24%。

◆产业竞争格局

（1）区域竞争：以广东省为主

从区域分布来看，根据前瞻智慧招商系统的检索结果，目前我国在业电池管理系统生产企业主要分布在广东省，其次是浙江省、江苏省等经济相对发达的省份。

（2）企业竞争：宁德时代为动力BMS龙头

BMS市场的参与企业主要包括三大类，分别是整车厂商、动力锂电池厂商、独立的BMS生产商。其中，整车厂商生产的BMS装机量占比为21.3%，动力锂电池厂商生产的BMS装机量占比为45.4%，独立的BMS生产商生产的BMS装机量占比为33.3%。

具体到企业，根据NE时代发布的资料，2020年，汽车动力BMS市场的出货量大约为124万套，其中，宁德时代的出货量大约为22.8万套，在整个市场上的占比达到了18.4%，位居行业第一，其次是比亚迪、特斯拉，两者的市场占有率分别为12.4%和11.2%。另外，从整个行业来看，排名前十的企业的出货量在汽车动力BMS总出货量中的占比达到了73%，说明目前汽车动力BMS市场的企业集中度比较高。

在储能等细分领域，因为储能BMS市场刚刚起步，大部分厂商还没有开始研发与储能相关的BMS，市场集中度比较低。在实际应用方面，一些企业会用电动汽车电池BMS代替储能电池BMS。未来，专业电动汽车的BMS生产厂商可能兼顾储能电池BMS的研发与生产，成为大规模储能项目BMS供应商的重要组成部分。

◆产业发展前景及趋势

（1）行业发展趋势

我国电池管理系统行业发展趋势要从技术、市场、竞争三个层面进行分析。在技术层面，BMS相关软件算法不断优化，将向着集成化、智能化的方向不断发展；在市场层面，随着新能源汽车市场的渗透率不断提升，BMS需求量将不断扩大，随着相关产业的不断发展，储能BMS市场需求将得到充分释放；在竞争层面，参与BMS研发与生产的企业越来越多，行业竞争变得越来越激烈，整个行业有可能经历一轮洗牌。

（2）市场潜能持续释放

电池管理系统是电池系统的重要组成部分，在研发机构、相关企业的共同努力下，该行业的技术水平得到了大幅提升。随着消费者对电池安全的要求不断提升，在整个动力电池系统中，BMS将发挥越来越重要的作用。未来，随着BMS厂商越来越多，BMS的产品类型也将越来越丰富，BMS行业标准也将不断完善，动力电池系统的性能将不断提升，储能BMS市场将得到充分挖掘，为我国BMS行业的发展提供广阔的空间。据预测，到2026年，我国BMS行业的市场规模将达到171亿元。

5.1.4 动力电池的技术路线之争

动力电池指的是配置于车辆之上、能够为车辆运行提供驱动能量、可以储存电能并支持充电的动力装置。常见的动力电池包括超级电容器、金属氢化物镍动力电池以及锂离子动力电池等，铅酸类电池并不在此列。由于动力电池在汽车运行中具备关键驱动作用，所以动力电池也可以看作新能源汽车的“心脏”。

目前，我国以及全球范围内的新能源汽车使用的动力电池主要是锂离子动力电池。按照电池正极使用的材料，锂离子电池可以分为以下三类，如表5–2所示。

表5–2　锂离子电池的三种类型

类型	优势
磷酸铁锂电池	即正极使用的材料为磷酸铁锂，具有循环寿命长、安全性良好、生产成本低以及技术成熟度高等优点
三元电池	即正极使用的材料为镍、锰（或铝）、钴与锂元素，具有低温性能良好、充放电倍率性能好以及能量密度高等优点，但与磷酸铁锂电池相比循环寿命和安全性较差。市场中较为常见的三元电池为镍钴锰酸锂电池
锰酸锂电池	即正极使用的材料为锰酸锂，其优势体现在安全性好、倍率性能优异、成本较低，劣势主要表现为存储难和循环寿命较差

目前，在全球范围内，汽车产业的电动化趋势越来越明显，车辆想要具有更高的续航里程势必要求其所携带的动力电池具有更高的能量密度和更优的倍率充放电性能，这也就使得未来的汽车动力电池要具备成本低、循环寿命长、安全性高、比功率高、比能量高等特性。

在动力电池商业化、工程化发展的背景下，锂离子动力电池为了实现更高的循环寿命和能量密度，所采取的技术路线可以归结为三点：电池正极采用高镍三元材料，电池负极加入纳米硅形成硅碳负极材料，电池的电解质由液态逐渐转变为固态。

◆高镍三元材料

在上面提到的三种类型的锂离子电池中，三元材料由于结合了三种元素的结构特性，所以具有独特的优势。以镍钴锰酸锂电池为例，其中镍可以增加电池容量，钴可以提高离子的导电性，而锰有利于稳定结构，所以镍钴锰酸锂电池也是成本低、性能高、能量密度高的代表性产品。

虽然三元材料是目前高能量密度动力电池的上佳选择，但从技术层面来看，高镍三元材料也具有五个方面的缺点，如表5–3所示。

表 5–3　高镍三元材料的五大缺点

序号	缺点
1	当三元材料中镍元素的比例提高后，镍锂离子混排的情况会相应加剧，放电比容量会随之降低
2	镍在脱嵌锂过程中的相变会带来体积方面的变化，使得材料结构的稳定性下降，电池的循环寿命也会受到影响
3	在高镍正极材料上碳酸锂等杂质极易产生，而高温环境会导致胀气，当碳酸锂等杂质与电解液发生副反应后会影响电池的循环寿命
4	镍含量的增加会带来热量的提升，降低正极材料的热稳定性
5	高镍三元材料表面可能存在杂质，电解液的配方需要进一步优化

◆硅碳负极材料

之所以需要在电池负极加入纳米硅形成硅碳负极材料，主要原因在于，与石墨等负性材料相比，硅碳负极材料能够有效提升锂电池的克容量，使得锂电池能够获得更高的能量密度。根据已有的研究，硅负极的理论能量密度高达4200mAh/g，石墨的理论能量密度是372 mAh/g。不仅如此，硅碳负极材料的最低比容量甚至能够超过石墨负极材料的理论比容量。

不过，硅碳负极材料也具有明显的缺点，如表5–4所示。

表 5–4　硅碳负极材料的缺点

序号	缺点
1	硅元素在充电的过程中体积会发生变化，甚至能够膨胀到原体积的3倍，所以会对电池的电导率产生一定的影响
2	硅是一种半导体，其导电性与石墨具有差距，由于在锂离子脱嵌的过程中不可逆程度比较高，所以首次库伦效率会降低

◆固态电解质

固态电池指的是电池的电解质和电极材料均为固态的电池，如锂空气电池、全固态锂电池等。其中，全固态锂电池可以被看作锂电池的一种创新形态。

全固态锂电池的创新性主要体现在：电池中的电解质逐渐由液态的电解质演变为全固态的电解质。全固态锂电池使用的电解质主要包括两类：其一为无机聚合物固态电解质，其二为有机聚合物固态电解质。与传统的锂电池液态电解质相比，固态电解质的优势主要体现为兼容性良好、热稳定性好、机械性能好、离子迁移数高、离子电导率高等。

虽然固体电解质相比液态电解质具有多方面的优势，在动力电池应用方面也表现出了良好的发展前景，但固态电池也存在很多缺点，包括电极与电解质界面阻抗过大、阻抗和电导率导致充电倍率偏低、产业化成本过高等。

5.2　技术架构：电池管理系统构成及功能

5.2.1　集中式与分布式BMS

BMS在电动汽车领域的应用最早开始于丰田一款搭载了镍氢电池的混合动力汽车。镍氢电池与锂电池不同，它的一致性高、安全性好，而且单体电压偏低，因此使用了镍氢电池的BMS不需要具备均衡功能，不需要控制接触器，也不需要采集每节电池的电压，可以将六节电池串联在一起作为一个整体对电压进行控制。

虽然镍氢电池对BMS硬件功能要求不高，但因为镍氢电池具备记忆效应与电压外特性，与SOC的对应关系比较复杂，给SOC估算以及充放电区间的控制与调整带来了一定的挑战。如果不能妥善解决这一问题，就无法避免电池快速衰减的情况发生。随着锂电池技术快速发展，动力电池的能量密度、容量都将变得更大，运行时间也将变得更长，对BMS的功能也将提出更高的要求。

在电动汽车领域，BMS主要有两种架构方式，一种是集中式架构，另一种是分布式架构。

◆集中式BMS架构

集中式BMS架构是将所有电气部件集中到一块板子上，采样芯片通道的利用率最高，并且采样芯片与主芯片可以通过菊花链通信，电路设计比较简单，总体成本较低。但因为所有线束都要连接到一块板上，可能产生安全问题，并且菊花链通信的稳定性也比较差，适用于容量比较小的电池包，以及电池模组、电池包形式比较固定的场景。

集中式BMS架构的结构比较紧凑、成本比较低、可靠性较强，主要用于对电池容量、电池总压、电池体积要求不高的场景中，包括电动工具、搬运机器人、助力机器人、扫地机器人、电动吸尘器、电动叉车、电动自行车、电动摩托车、电动观光车、电动巡逻车、电动高尔夫球车、轻混合动力汽车等。

集中式BMS架构的硬件可以分为两部分，一是高压区域，主要负责采集单体电池电压、系统总压，对绝缘电阻进行监测；二是低压区域，主要包括供电电路、CPU电路、CAN通信电路、控制电路等。随着乘用车动力电池系统对体积、容量、总压的要求不断提升，插电式混动、纯电动车型开始使用分布式BMS架构。

◆分布式BMS架构

分布式BMS架构包括主板和从板，一个电池模组配备一个从板，这种方式使得系统配置更加灵活，可以有效提高通道的利用率，降低成本，满足不同容量、不同规格型号的模组和电池包的要求，缺点在于如果电池模组的单体数量少于12个，会导致采样通道出现较大的浪费。

分布式BMS架构的优点在于可以实现模块级与系统级的分级管理。

模块级管理主要是由CSC负责对模块中单体电池的电压、温度进行检测，开展均衡管理，对电池模块存在的问题进行诊断等；系统级管理主要是由高压管理单元HVU对系统中的电池总压、母线总压、绝缘电阻等进行监测，并利用霍尔传感器或分流器对母线电流进行采集。最终，CSC与HVU将数据分析结果发送至主控单元BMU，由BMU对电池系统进行评估，对电池系统的运行状态进行检测，根据检测结果执行接触器管理、热管理、运行管理、充电管理、诊断管理、内外通信网络管理等一系列操作。

分布式BMS架构的优点在于可以根据不同电池系统的串联、并联设计对电池系统进行高效配置，缩短BMS与电池系统之间的线束距离，让线束分布更均匀，性能更可靠，从而满足体积更大的电池系统设计要求。目前，分布式BMS架构已经成为电动汽车领域一种主流的应用方案，典型代表如宝马汽车的i3/i8/X1，特斯拉Model S/X、荣威e550/e950/eRX5、比亚迪秦/唐等。

分布式BMS架构之所以能够在电动汽车领域实现广泛应用，还有一个很重要的原因就是分布式BMS架构符合动力电池系统模块设计趋势。随着动力电池系统在电动汽车领域的广泛应用，动力电池的产量大幅增长，有业内人士提议要尽快统一电池模块的标准。因为如果电池模块的标准不统一，多年后老款电池汽车可能面临无法更换电池配件的问题，电动汽车淘汰的动力电池也无法实现梯次利用。而标准化的模块可以将BMS的部分功能与电池进行高度集成，从而提高电池空间的利用率以及电池的可靠性、通用性。

5.2.2　电池管理系统的硬件架构

相较于传统汽车来说，新能源汽车最显著的特点就是以电池为动力。对于新能源汽车来说，动力电池是核心部件，是汽车动力的主要来源。对于汽车的电池系统来说，电池管理系统是核心，可以采集电压、电流、温度以及SOC等参数，对电池的充电、放电过程进行控制，做好电池保护，提高电池的综合性能，是连接车载动力电池与电动汽车的重要纽带。

在国外，BMS领域的代表公司有联电、大陆、德尔福、AVL和FEV等，大多是按照AUTOSAR架构以及ISO 26262功能安全的要求进行BMS的研发与生产，软件功能比较多，精度较高，可靠性较好；国内从事BMS产品研发与应用的主要是主机厂，功能及性能与国际先进水平还有一定的差距。但随着国内的电池技术以及BMS技术的不断发展，这种差距正在不断缩小，未来有可能实现赶超。

电池管理系统的硬件设计与选型要根据整车及电池系统的功能进行，通用功能主要包括采集功能、充电口检测、充电唤醒、继电器控制与状态诊断、绝缘检测、高压互锁、碰撞检测、CAN通信及数据存储等。电池系统的四种控制方式如表5–5所示。

表 5–5　电池系统的四种控制方式

控制方式	具体描述
主控制器	主控制器的主要功能是对控制器和高压控制器反馈的信息进行处理，并根据处理结果对动力电池运行情况进行判断与控制，实现BMS相关控制策略，对故障进行诊断与处理
高压控制器	高压控制器的主要功能是对电池总电压、电流信息进行采集并上传，通过硬件电路实现按时积分，为主板计算荷电状态、健康状态提供准确的数据，为预充电检测和绝缘检测做好准备
从控制器	从控制器的主要功能是对动力电池的单体电压、温度信息进行采集并上传，反馈每一串电芯的电池健康度（SOH）和电池剩余电量百分比（SOC），而且具备被动均衡功能，可以保证动力电池使用过程中电芯的一致性
采样控制线束	采样控制线束主要为信息采集以及控制器之间的信息交互提供支持，并在每一根电压采样线上增加冗余保险功能，防止因为线束或者管理系统导致的电池外短路情况发生

◆通信方式

通信方式有两种，一种是CAN通信，另一种是菊花链通信。CAN通信的优点在于比较稳定，缺点在于成本较高；菊花链通信的优点在于成本较低，缺点在于稳定性较差。但为了控制成本，越来越多的企业选择采用菊花链通信，并且为了保证通信的稳定性，会增加菊花链的数量，使用2条甚至更多菊花链。

◆结构

BMS硬件涵盖了电源IC、CPU、采样IC、高驱IC、其他IC部件、隔离变压器、RTC、EEPROM和CAN模块等多种结构。其中，CPU是核心部件，主要采用英飞凌的TC系列，型号不同，功能也有很大差异，对AUTOSAR架构的配置也不同。

5.2.3　电池管理系统的软件架构

按照AUTOSAR架构，BMS可以划分为很多通用的功能模块，减少对硬件的依赖，满足不同硬件配置需求，但应用层软件变化比较小。应用层和底层需要确定好RTE接口，从灵活性层面出发对故障诊断事件管理（Diagnostic Event Manager，DEM）、故障诊断通信管理（Diagnostic Communication Management，DCM）、功能信息管理和CAN通信预留接口进行综合考虑，在应用层进行合理配置。

应用层软件架构主要包括高低压管理、充电管理、估算功能、均衡控制和故障诊断五大部分，具体分析如下。

◆高低压管理

在正常上电模式下，新能源汽车的整车控制单元（Vehicle Control Unit，VCU）通过硬线或者CAN信号的12伏电源来启动BMS。BMS启动后会进入自检程序，自检完成后会进入待机状态。然后，VCU向BMS系统发送上高压指令，由BMS控制闭合继电器完成上高压的动作。下电时，VCU向BMS系统发送下高压指令，断开唤醒12伏电源。在下电状态下，如果BMS处于插枪充电状态，可以通过CP或A+信号启动BMS。

◆充电管理

（1）慢充

慢充是通过交流充电桩以及车载充电机将交流电转化为直流电给电动汽车的

电池充电的一种方式。慢充充电桩的规格有三种，分别是16安、32安和64安，也可以通过家用电源进行充电。在慢充状态下，需要利用CC[①]或CP信号[②]唤醒BMS，但要保证BMS在充电结束后能够正常进入休眠状态。交流充电的过程比较简单，国际标准也比较成熟，相关企业只要按照标准进行开发即可。

（2）快充

快充指的是通过直流充电桩直接输出直流电给电动汽车的电池充电的一种方式，充电倍率能够达到1C甚至更高，45分钟可以为电池充电80%。按照国际标准，快充的流程比较复杂，存在2011和2015两个版本，再加上国标流程中存在很多未明确的细节，充电桩生产厂家对这些细节的理解各不相同，给车辆充电适配性带来了一定的挑战。因此，对于BMS产品来说，快充适配性是衡量产品性能的一项关键指标。

◆估算功能

（1）电池的功率状态（State of Power，SOP）

SOP主要通过电池温度和SOC查表计算得出电池可用的充放电功率，并将结果传输至VCU，由VCU决定电量分配。在这个过程中，VCU还要考虑释放电池能量，维护电池性能，例如，在达到截止电压之前对电池的部分功率进行限制，这种方式会对驾驶员的驾车体验造成一定的不良影响。

（2）电池的健康状态（State of Health，SOH）

SOH数值介于0和100%之间。SOH低于80%就表示电池不可使用。SOH可以用电池容量或电池内阻变化表示，用电池容量表示就是通过电池运行过程数据对电池的实际容量进行估算，这个数字与额定容量的比值就是SOH。SOH的数值

① 充电连接确认信号。车载充电器通过检测 CC 与 PE 之间的电阻值来判断充电枪和充电口是否完全连接。

② 充电控制确认信号。车载充电器通过检测 CP 信号判断充电连接装置是否完全连接，同时可以确认当前供电设备的最大供电电流。

越准确，在电池衰减状态下对其他模块的估算精度就越高。

（3）核心控制算法（State of Charge，SOC）

SOC表示的是电池当前的剩余容量，可以利用安时积分法和扩展卡尔曼滤波算法，结合开路电压修正、充满修正、充电末端修正、不同温度及SOH下的容量修正等修正策略进行计算。如果电流采集精度比较高，安时积分法的可靠性就比较高，但鲁棒性不强，存在的误差积累必须利用修正策略进行修正；扩展卡尔曼滤波算法的鲁棒性较强，但算法比较复杂，实现难度较大。目前，在常温环境下，国内BMS厂家可以将电池剩余容量计算精度控制到6%以内，但在高低温以及电池衰减状态下很难做出精确计算。

（4）能量状态算法（State of Energy，SOE）

SOE在国内应用得不多，厂家一般会采用比较简单的算法，通过查表的方式得出电池剩余能量与最大可用能量之间的比值，可以用来计算自动驾驶车辆的剩余续航里程。

◆故障诊断

电池的表现不同，故障等级也不同。在不同的故障等级下，BMS和VCU会采取不同的处置措施，包括发出警告、限功率或者直接切断高压等。一般来说，新能源汽车的电池故障主要包括以下几种类型：数据采集及合理性故障、电气故障（传感器和执行器）、通信故障及电池状态故障等。

◆均衡控制

均衡控制的主要目的是消除电池使用过程中产生的电池单体不一致的问题。根据木桶短板效应，无论充电还是放电，都是性能最差的单体先达到截止条件，导致其他单体的能力无法得到充分释放，造成一定的资源浪费。

均衡可以细分为主动均衡和被动均衡，其中主动均衡指的是能量从多的单体向少的单体转移，可以在最大程度上减少能量损失，但这种方式的成本较高，对电器元件的要求也比较高。相比来说，被动均衡的结构比较简单，成本也比较低，只是能量多的单体中的能量会以热量的形式散发掉，导致能量被浪费，最大均衡电流在100毫安左右。目前，国内厂家主要使用被动均衡的方式，可以达到比较好的均衡效果。

作为动力电池的核心组成部分，BMS对动力电池的使用寿命以及电动汽车的安全性、续航能力等有着直接影响，在很大程度上决定着新能源汽车未来的发展空间。做好BMS管理将对新能源汽车发展产生积极的促进作用。

5.2.4 传感器技术在BMS中的应用

为了更好地对各个电池单元进行智能化管理和维护，需要借助传感器技术采集各方面的相关信息。目前，BMS领域常用的传感器主要包括电流传感器、温湿度传感器、电压传感器和位置传感器。

◆电流传感器

电流传感器包括霍尔电流传感器、磁通门电流传感器以及穿隧磁阻效应电流传感器。

（1）霍尔电流传感器

霍尔电流传感器的原理是依据霍尔效应将变化的磁场转化为变化的电压，因此霍尔电流传感器可以间接测量电流的变化。由于连接方式不同，霍尔电流传感器又可以分为闭环式和开环式两类，其中闭环式的精度要高于开环式。与其他传感器相比，霍尔电流传感器的电路更加简单，只需要对电源的正负极进行连通，让被测电流母线穿过传感器，就能够隔离监测电池的主电路和控制电路。霍尔电流传感器输入的信号是原边电流，输出的信号是副边电流，信号在输出后还需要进行A/D转换。

虽然霍尔电流传感器的结构简单，而且集互感器、分流器的优点于一身，但由于其工作过程比较容易受到干扰，因此并不适合在新能源汽车中使用。

（2）磁通门电流传感器

磁通门电流传感器的原理是激励电流的大小会借助易饱和磁芯影响电感的强度以及磁通量的大小，使得磁通量处于打开或闭合状态。

根据结构的不同，磁通门电流传感器又可以分为单磁环、双磁环、双磁环（屏蔽）、多磁环（嵌套）四类，如表5-6所示。闭环磁通门电流传感器具有探头补偿消除振荡谐波影响输出干净性、整体磁芯封闭性、闭环磁平衡与匝比输出严格对应性以及磁通门原理高灵敏性等方面的优点，已经应用于小鹏P7、理想ONE、比亚迪汉、特斯拉Model 3等多种新能源车型当中。

表5-6 常用闭环磁通门电流传感器

类型	特点	产品型号
单磁环	通常测直流或低频，量程有限	LB、FDIB-C16、FLB-C15、FLB-C10
双磁环	交直流都可以测，AC+DC模式	FV-C53系列
双磁环（屏蔽）	业界最高精度，最纯净的电流测量方式	HPIT系列
多磁环（嵌套）	磁探针（相当于小磁环）取代HALL，简单方便	xMR系列

（3）穿隧磁阻效应电流传感器

穿隧磁阻效应电流传感器是借助穿隧磁阻效应（TMR）而进行工作的电流传感器。由于穿隧磁阻效应电流传感器采用的是全新一代磁敏元件，所以与巨磁电阻（GMR）、各向异性磁电阻（AMR）以及霍尔器件等相比，具有灵敏度高、温漂低、能耗低等多方面的优势。因此，在新一代电动汽车的电池管理系统中，穿隧磁阻效应电流传感器已经取代霍尔传感器，充分展现出在电流检测方面的灵敏度特性。

与其他电流传感器相比，穿隧磁阻效应电流传感器在工作过程中不需要进行额外的温度补偿，在-40℃~85℃可以将温度漂移总量由原先的1%~2%压缩到0.1%~0.2%。

◆温湿度传感器

BMS中的温湿度传感器主要指NTC温度传感器和HTW湿度传感器。

（1）NTC温度传感器

在电池使用的过程中，对电池温度进行监控能够有效避免电池过度充电或放电，延长电池的使用寿命，还能够掌控电池的工作情况，尽可能提高电池的利用率。通过内置NTC温度传感器，可以实时对电池的温度进行监测。

NTC温度传感器主要借助陶瓷技术和半导体技术将锰等高纯度金属元素的氧化物转化而成，其工作原理是这些材料本身拥有的载流子数目少、电阻高，当温度升高时，载流子数目增加、电阻下降。

（2）HTW湿度传感器

湿度传感器指的是把需要测量的环境中的湿度数据转化为能够被电信号标记的设备或者装置。需要注意的是，湿度传感器测量的湿度通常为相对湿度。新能源车辆BMS常用的湿度传感器一般为电容式湿敏元件和电阻式湿敏元件，其基本工作原理类似：即在十倍基片上涂敷一层感湿材料膜，当环境中的湿度发生变化时，元件的电阻率和电阻值也会发生变化，进而能够检测出湿度。

◆电压传感器

由于目前主流的电动汽车的供电系统的电池组需要将几百个串联电芯进行连通，所以其测量通道电压的需求比较大。而且串联的电池组采用的是累计电压的形式，各个电池并不拥有相同的电动势，也就不能使用单向补偿法应对可能出现的误差。此外，采集电池电压时需要尽可能保持较高的精度，如1毫伏，但目前电池电压的采集精度为5毫伏。

电压传感器的工作原理是将电池电压转化为能够检测到的输出信号的传感

器，目前电动汽车采用的电致发光效应电压传感器是基于不同电压下发光材料的发光情况进行工作的。相比光学电压传感器，电致发光效应电压传感器不需要借助载波光源，所以其不仅能够简化传感器的接口、节约生产成本，还可以避免载波光源测量导致的不稳定性。

◆位置传感器

BMS中的位置传感器检测的是BMS系统的水冷装置中冷却液面的位置，其工作原理是在BMS系统的水冷装置中安装至少3个浮漂，并在每个浮漂上安装位置传感器，当车辆行驶至坡道或其他可能导致冷却系统产生大量水泡的环境时，位置传感器便会对冷却液相对于膨胀水壶液面的位置进行检测，获得相应的膨胀水壶的出液口同所述液体的接触情况，进而反馈给BMS，促使其及时调节并控制主水泵与副水泵的切换运行。但目前位置传感器仍处在研究阶段，在电动汽车领域尚未实现大范围应用。

5.3 电池热管理系统：BMS散热技术方案

在碳达峰、碳中和背景下，中国汽车工业的发展面临着严峻的挑战，不仅要开发新能源应对能源危机，而且要积极响应国家政策节能减排，推动产业转型。目前，发展新能源汽车是应对这些挑战的重要途径。为了推动新能源汽车发展，我国政府出台了很多计划与方案，包括财政补贴计划、税务鼓励计划等。

电动汽车是新能源汽车的重要组成部分。对于电动汽车来说，电池组是非常重要的储能部件，目前主要由锂电池组成，会对电动车的性能产生直接影响。因为电动汽车的空间有限，无法装载数量太多、体积太大的电池，而电动汽车的行驶、运行需要大容量的电池提供能量，即电池要以不同的倍率放电，并按照不同的生热速率产生热量。随着热量在有限的空间内不断累积，电池组运行环境中的温度情况就变得非常复杂。

电池包温度上升会导致电池组电化学系统的运行效率下降，电池的使用寿命变短，电池包的运行功率下降，电池的安全性与可靠性受到不良影响。如果电池组的散热性能不好，就会导致电池组的温度过高或者温度分布不均匀，使得电池的充放电循环效率下降，进而导致电池功率下降，电池能量无法充分释放，严重情况下还会导致热失控，给系统的安全性与可靠性造成不良影响。

另外，由于发热电池体的摆放比较密集，中间区域热量较高，边缘区域热量较低，导致电池包各单元之间的温度不均衡，各电池模块、单体性能不一致，最终导致电池性能不一致，电池荷电状态估计失准，给电动汽车的系统控制造成不良影响。

锂离子电池是通过电池内部的正负极与电解液产生氧化还原反应释放能量。如果锂离子电池所在环境温度较低，电极表面活性物质嵌锂反应速率就会下降，活性物质内部的锂离子浓度也会下降，最终导致电池平衡电势降低、内阻增大、放电容量减少。如果电池处在极端低温环境中，电池内部的电解液有可能冻结，导致电池无法正常放电，电池系统在低温环境中的性能大幅下降，最终导致电动汽车动力输出性能衰减，续航里程缩短。

除此之外，如果电池长期处在低温环境中，电池在充电过程中就会在负极表面形成锂沉积，这些堆积起来的金属锂会刺穿电池隔膜，使得电池正负极短路，在使用过程中发生故障。锂离子电池在低温环境中的这些不良表现给电动汽车在寒冷地区的推广应用造成了一定的限制。想要解决这些问题，提高电动汽车的整体性能，让电池组在各种温度环境中都能发挥出最佳性能，必须对电池包的结构进行优化，设计出能够适应不同温度的电动汽车电池包热管理系统（Battery Thermal Management System，BTMS）。

动力电池散热的方式有很多，大致可以分为空冷散热、液冷散热、相变材料散热和热管散热四种方式，前三种方式应用比较广泛。下面我们分别进行介绍。

5.3.1　空冷式散热系统

空冷式散热系统有另一个名字——风冷式散热系统。空冷式散热的运作原理比较简单，只要让空气流经电池表面带走动力电池运转产生的热量就能达到降低电池组热量的目的。按照通风措施的不同，空冷式散热可以分为两种不同的方式，一种是自然对流散热，另一种是强制通风散热。

自然对流散热主要是通过电池包内部流体因温度变化产生气流进行冷却散热，对外部附加的强制通风措施的依赖性不是很强；强制通风散热是在自然对流散热系统的基础上增加强制通风，对电池包进行冷却散热。目前，动力电池空冷式散热系统主要有两种类型，一种是串联式散热系统，另一种是并联式散热系统，但目前动力电池空冷式散热系统的应用效果较差，很难满足电池均温性要求。

5.3.2　液冷式散热系统

液冷式散热系统指的是制冷剂以直接或间接的方式接触动力电池，通过液态流体的循环流动将电池包产生的热量带走，从而达到散热效果。目前，在动力电池热管理领域，液冷系统是一个比较热门的研究方向。由于冷却液的热容量比较大，通过循环可以带走电池系统运行产生的多余热量，让电池包处于最佳的温度环境。

◆液冷系统组成

液冷系统主要由以下几部分组成，分别是电动水泵、电芯散热器、温度传感器、空调系统、加热器、液液热交换器，其中空调系统主要由压缩机、冷凝器、蒸发器组成，主要功能是在高温环境中让冷却液冷却；加热器的主要功能是在低温环境中给冷却液加热。

具体来看，液冷式散热系统可以使用的制冷剂有很多种，包括水、矿物质油、水和乙二醇的混合物、R134a等，这些制冷剂的导热率比较高，散热效果也比较好。

◆电池包的热管理方案

电池包的热管理方案涉及三大措施，分别是电池组的冷却、电池组的低温预热、电池组的保温预热，具体分析如下。

（1）电池组的冷却

液冷系统主要通过循环低温冷却液实现冷却功能。如果电池组的散热功率比较小，冷却液无须循环就可以满足散热要求，将电池包的温度控制在合理范围内，无须启动循环程序。电池组的冷却方式有两种，一种是直接冷却，另一种是间接冷却。其中直接冷却指的是冷却液直接从电芯表面流过带走多余热量，间接冷却指的是冷却液从管道和散热器的流道中流过，散热器与电芯接触，带走电芯产生的热量。

（2）电池组的低温预热

从理论上看，压缩机可以具备制热功能，但其在低温环境中制热效果不佳，而且耗电量比较大，在一定程度上影响了动力电池的续航能力。同时，在低温环境中，电池包的放电功率下降，甚至可能出现无法放电的情况。为了解决这一问题，电池包的热管理策略延长了汽车启动前的预热时间。

电池组低温预热有两种基本形式，一种是内部加热，另一种是外部加热，如表5-7所示。

表 5–7　电池组低温预热的两种方式

预热方式	原理
内部加热	利用电池包外部的交流电源给电池的电解液加热，直到电池包达到合适的温度范围。由于生热部件位于电池内部，所以这种加热方式被称为内部加热
外部加热	利用外部电源给电池外部的介质加热，将热量传递给电池，将电池温度提高到合适的水平。外部介质包括空气介质和液体介质，生热元件包括PTC和加热膜等

（3）电池组的保温预热

如果电动汽车需长时间在低温环境中行驶，一般要为电池包设计保温装置，减缓预热热量的散失，防止电池在工作过程中温度过低，导致车辆在行驶过程中短时间停车的情况发生。实验证明，如果电动汽车在–20℃的环境中行驶，车辆预热可以将电池加热到25℃，之后车辆静置8小时，电池温度会下降到18℃左右。

要知道，不是所有具备热管理功能的车辆都设置了保温装置。车辆预热，电池包进入工作状态，电池就会产生大量热量。如果车辆所处环境的温度没有达到极寒的标准，或者车辆不会长时间处于停车状态，电池包就可以通过自发热将温度维持在合理的范围内。

目前，动力电池的液冷技术已经相当成熟，在电动车散热系统中得到了广泛应用。例如特斯拉电池包采用水和乙二醇的混合物作为冷却液，帮助电池包散热；宝马i3采用R134a作为冷却液帮助电池包散热。为防止冷却液泄漏，保证电池包内电池单体之间的均匀性，需要对液冷式系统的结构进行优化设计，导致液冷式系统的结构变得十分复杂，最终导致散热系统体积增加，车辆整体重量与运行负担增加。同时，由于液冷式系统的结构比较复杂，密封性比较强，在很大程度上增加了液冷系统维护保养的难度，使维护成本增加。

5.3.3　热管式散热系统

热管是一种运行效率比较高的导热原件，可以将热能从一个地方输送到另一个地方，让热量在两个物体间高效传输。基于热管的这一特性，研究人员将热管引入电动汽车的热管理系统，用于动力电池散热。将使用传统的强制对流散热系统的动力电池与使用了热管散热系统的动力电池放在一起进行比较可以发现，使用了热管散热系统的动力电池的温度可以维持在正常水平，并且各电池单体之间的温度比较均匀，缺点在于电池质量与体积比较大，存在换热极限。

◆热管的分类

热管分类的标准有很多，包括适用温度、液体回流动力、壳体和冷却液材料性质、热管的结构形式等。按照热管的结构形式，热管可以分为普通热管、平板型热管、环形热管、脉动热管等，具体分析如下。

（1）普通热管

普通热管的截面有正圆形、扁圆形、矩形等，其中正圆形的热管与被冷却物体的贴合度不是很好，但结构强度比较高；扁圆形的热管与被冷却物体的贴合度比较好，应用范围比较广。

（2）平板型热管

平板型热管的外形呈矩形平板状，内部有多条热管通道，材质主要是铜和铝。平板型热管是由上下两块金属板构成，中间包裹着若干金属丝，金属板和金属丝通过焊接的方式连接在一起，中间保留一定的空间形成一个热管结构。

平板型热管的优点在于结构简单，可以大面积散热。目前，判断平板型热管性能的重要指标是单位面积的传热功率以及功率与热管质量的比值。研究人员正在研究在平板型热管中加入多少冷却液能使冷却效果达到最佳。

（3）环形热管

从工作原理来看，环形热管与普通热管没有太大区别，但是环形热管可以省去吸液芯，做到无高度差，凭借两个气液结合面的压力差实现循环，工作原理如下：在外部热量的作用下，处于蒸发段的液体转化为气体，导致蒸发段的压力上升，推动气体沿着蒸汽管线向冷凝段移动，达到冷凝段之后转化为液体，空间压力下降。

在整个过程中，冷凝段的压力始终低于蒸发段，气体从高压段向低压段运动，产生动力推动气体运动。随着蒸发速率不断改变，气液结合面不断调整，促使整个系统的压力达到动态平衡。

（4）脉动热管

从整体看，脉动热管由蒸发段、绝热段和冷凝段三部分构成。脉动热管的直径比较小，抽掉管内的空气让管子达到真空状态，然后在部分管段注入液体，形成一段段随机分布的气塞与液塞。在蒸发段，液态介质吸收外部热量气化形成气泡，随着气泡内的压力不断增加，推动气塞和液塞向着冷凝段运动，到达冷凝段之后气体液化，气塞缩小或者破灭。这个过程不断重复，使得气塞和液塞在冷凝段与蒸发段来回震荡，最终将热量传递出去。从原理上看，脉动热管与环形热管有很多相似之处，只是脉动热管的管径相对较小，管壳会直接对液体形成毛细作用。

◆采用热管进行电池热管理的优势

采用热管进行电池热管理的优势主要表现在四个方面，如表5-8所示。

表5-8　热管用于电池热管理的四大优势

优势	具体内容
散热效率高	热管的热阻比较低，导热系数比较高，散热的热流密度能够达到50瓦/平方厘米以上。相较于单纯依靠强制风冷或单相流体对流换热来说，热管的换热能力要高很多
加热速率快	有研究显示，利用热管对电池加热，电池的升温速度能够达到传统PTC加热升温速度的1.5倍。在30瓦的加热功率下，电池温度能够在3分钟内升高20℃；在70瓦的加热功率下，电池温度能够在2分钟内升高40℃，从而缩短电动汽车在寒冷环境中的启动时间
均温性能好	有研究显示，如果对一根1米长的微通道热管进行加热，热源聚焦在热管的一端，那么整个热管的温差不会超过2℃；如果用一个面积1平方厘米、热量20瓦的热源对一个面积380平方厘米的平板热管进行加热，将热源放在平板热管的中心位置，整个平板热管的温差不会超过2℃，说明热管有极好的均温性

续表

优势	具体内容
安全性好、可靠性高	电池包使用热管之后无须通过水路循环，实现水电分离，更加安全。除此之外，整个系统的结构更加简单，维修起来比较方便，可靠性更强

目前，热管技术吸引了很多热管理行业研究人员的关注，研究项目以及研究成果有很多，包括动力电池产热特性对热管传热的影响、热管理系统散热结构设计方法、针对动力电池的热管设计方法、采用热管的电池低温加热等。随着研究成果越来越多，热管技术将在动力电池的热管理领域实现更广泛的应用。

5.3.4 相变材料散热系统

锂离子电池的能量密度、功率密度都比较高，而且循环性能比较好，作为主要动力源在混合动力汽车和电动汽车领域实现了广泛应用。但锂离子电池在使用过程中很容易出现高温、热失控现象，引发火灾或爆炸。另外，在低温环境中，锂离子电池因为内阻过高导致充放电效果不佳，使得整体的工作性能比较差。也就是说，锂离子电池的应用对环境温度有比较高的要求，不能低于20℃或超过40℃。因此，想要让锂离子电池在电动汽车领域实现商业化应用，必须对电池组进行有效控制。

传统电池热管理系统需要外力驱动，体积庞大，故障率较高。相变材料散热系统利用相变材料发生相变时释放的潜热吸收电池组释放的热量，是一种新型的电池被动热管理系统，整体结构比较简单，可靠性比较高。因为相变材料的潜热大、储能密度比较高，所以可以对电池的温度范围进行有效控制，对电池组内各单体电池之间的温差进行有效平衡，延长电池的使用寿命，降低电池的故障率。

相变材料的种类比较多，按照相变温度可以分为低温相变材料（＜20℃）、中温相变材料（20℃~ 250℃）和高温相变材料（＞250℃）；按照相变类型可以分为固—液相变材料、固—固相变材料、固—气相变材料、液—气相变材料四种，前两种相变材料已经实现了广泛应用；按照物质类型可以分为无机相变材料、有机相变材料和复合相变材料，有机相变材料中的石蜡、硬脂酸、聚乙二醇在电池热管理领域实现了广泛应用，其中石蜡凭借无毒、无腐蚀性、性能稳定、价格便宜等特点受到了广泛关注，具体如图5-2所示。

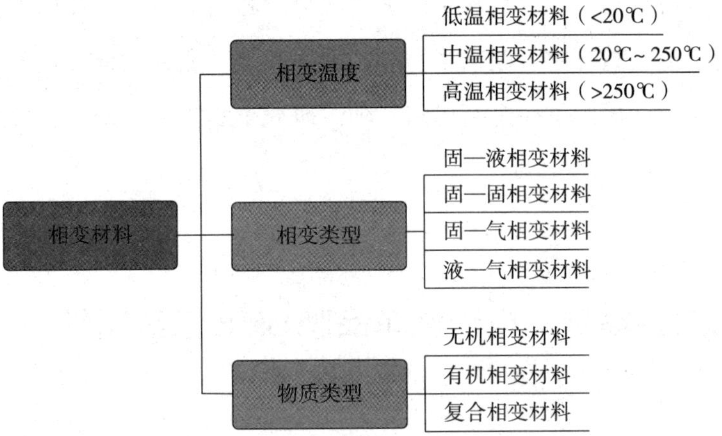

图5-2　相变材料的分类

石蜡的主要成分是烷烃，烷烃的晶型和分子链结构会在不同的温度条件下发生不同的变化，产生吸热、放热现象，完成能量的存储和释放。但石蜡的热导系数比较低，相变焓也比较低，容易燃烧，无法随意应用于电池热管理系统。

无机相变材料主要包括熔融盐类、结晶水合盐类、合金类及金属等，优点是热导率高、价格低、储能密度大；缺点是腐蚀性强，容易出现“相分离”和“过冷”现象，无法在电池热管理系统中广泛应用。为了解决有机相变材料与无机相变材料在使用过程中存在的问题，研究人员研发出了复合相变材料，使得相变材料的应用范围得以大幅拓展。

相变材料热管理通过相变过程吸收热量或者释放热量，为电池提供一个相对稳定的温度环境。在电池充放电的过程中，电池组的温度会不断上升，导致相变材料融化吸收储存能量，从而将电池组的温度维持在熔点附近；在低温环境中，相变材料会凝固释放热量，防止电池组的温度过低。

相变材料散热系统将相变材料作为传热介质，利用相变材料在相变时储存能量与释放能量，在动力电池高温时散热，低温时加热。为了提高相变材料的热导率，研究人员通常会在相变材料中添加一些金属材料，例如，在相变材料中添加一些很薄的铝板、碳纤维、碳纳米管等。总而言之，相变材料散热系统为动力电池热管理系统设计提供了一个新思路，随着研究不断深入，未来有可能实现广泛应用。

5.4 典型案例：电动汽车品牌BMS系统比较

5.4.1 案例1：特斯拉Model S

2003年成立的特斯拉对自己的定位是一家致力于纯电动汽车设计、制造与销售的公司。当然，除电动汽车业务外，特斯拉还致力于储能系统的设计与生产，并为第三方提供相关服务。经过多年实践与探索，特斯拉在储能系统领域积累了丰富的经验，在能量传输设计、整车设计、制造工艺、能量存储技术等方面形成了核心竞争力。

对于纯电动汽车来说，电池系统是唯一的动力来源，也是电动汽车产业链中最核心的组成部分。例如，在特斯拉Model S这一款车型中，电池系统的成本在车辆总成本中的占比达到了56%。而在传统汽车中，发动机的成本在车辆总成本中的占比为15%~25%。进入2016年之后，随着电池储能技术不断发展，电池成本在车辆总成本中的占比有所下降，电池储能系统的成本结构也发生了一定的改变，其中单体电池成本占比大约为83%，电池管理系统成本占比大约为13%，电池冷却系统占比大约为4%。

由此，我们可以对特斯拉的电池产业链形成一个比较直观的认知。而特斯拉是新能源汽车行业的代表，基于对特斯拉纯电动汽车的剖析，我们基本可以得出这样的结论：目前，电池系统的成本是制约特斯拉乃至整个新能源汽车行业发展的一个重要因素，只有解决电池系统的种种问题，才能推动新能源汽车产业高速发展。

电池系统的充电性能（包括充电的便捷性、充电时间的长短等）与续航里程直接影响着电动汽车的实用性，而这两点在很大程度上取决于电池的构造、充电设备的充电速度以及充电设备的分布情况。

◆电池及电池板的构造

大多数电动汽车的电池都是整块大电池，而特斯拉电动汽车使用的电池则是由几千个圆柱形小电池组装而成的。Model S 与 Model X使用的是松下公司特制的18650NCA电池，这种电池呈圆柱形，横截面直径为 18 毫米，高 65 毫米。使用单个电池更加安全，因为单个电池爆炸所造成的危害较小，即便并联的电池单元发生故障，所造成的危害不过是车辆的续航里程缩短一块电池单元所支持的行驶距离，不会造成其他危害。目前松下公司的18650NCA电池技术已经十分成熟，可以大批量生产。

由于特斯拉电动汽车配备了功能强大的热管理系统，所以松下公司为特斯拉定制的18650锂电池省去了一些安全设施，重量更小、价格更低。同时，为保证电池系统的安全，特斯拉没有采用常规的为整个电池组安装保险装置的做法，而是为每个电芯安装了保险丝。

小型单体电池的使用使得特斯拉电动汽车的电池结构变得复杂且精巧。例如，Model S 85千瓦时的电池板由16个电池组构成，每个电池组由6个单体电池包串联而成，每个电池包由74节18650锂电池并联而成，电池组以串联的方式连接在一起，电压共402伏。为了让电池组内的散热管路安放起来更加方便，单体电池包往往采用不规则的方式进行布置。

为了保护电池组，特斯拉在电池组前部安装了防水透气阀，将液体、灰尘阻隔在外面，只允许气体分子通过，以达到防水透气的效果，防止水蒸气在电池组内部凝结。

◆电池管理系统

电池管理系统在很大程度上影响着电动汽车的续航里程、充电时间、启动加速时间和电池寿命。特斯拉的电池管理系统集电池健康状态预估技术、电池平衡管理技术、电池残电量管理技术、电池热管理技术、诊断与预警技术于一体，功能非常强大，可以对7000节以上的18650锂电池进行统一管理，保证电池系统安全、稳定地运行。除此之外，特斯拉还加强了对电池冷却、安全、电荷平衡等方面的研究，申请了140多项核心专利。电池管理系统以及相关技术已经成为特斯拉的一项核心竞争力。

特斯拉电池组中的每组电池都有独立的电池管理系统，安放在电池组侧面，内置感应器和芯片，可以对电池的温度变化进行实时监控。如果遇到意外，电池管理系统会在几毫秒的时间内关闭电池。

◆电池冷却系统

除电池组外，电池冷却系统在电池板内也占据着很重要的位置。特斯拉每一辆电动汽车都为每一节单体电池配备了专门的液体循环温度管理系统，使用的是50%的水和50%的乙二醇混合而成的冷却液。在这个液体循环温度管理系统中，冷却液不断地在管道中流动，最终通过车头的热交换器散发出去，保证电池温度始终处在适宜的范围内，可以有效防止电池温度过高引起的电池性能下降问题。在电池热管理系统的作用下，特斯拉电动汽车各电池组之间的温差不会超过2℃，有效地延长了电池组的使用寿命。

5.4.2　案例2：小鹏汽车G3

2020年7月10日，小鹏G3正式上市，共有两个型号六款配置，两个型号分别是G3 520、G3 400，其中G3 520的续航里程能够达到520公里，G3 400的续航里程能够达到401公里，在续航里程方面的表现都非常优秀，而小鹏G3如此优秀的表现在很大程度上得益于强大的电池管理能力。

◆更优异的快充能力

小鹏G3系列电动汽车的动力电池的充电时间更短，如果使用单枪功率100千瓦以上的充电桩充电，在0~100%快充模式下，充电时间不超过80分钟。但目前，小鹏自建的超级充电桩的单枪功率无法稳定在100千瓦以上，虽然最高功率能达到120千瓦，但平均功率只有90千瓦，30%~80%快充时间需要30分钟。未来，小鹏自建的超级充电桩将通过增加充电模块或者空中下载（Over-the-Air Technology，OTA）升级将充电功率提高到300千瓦。

◆电池包安全措施做得周到

因为电动汽车的电池包直接裸露在外，为了应对城市复杂的路况，必须具备强大的防水防尘功能。小鹏G3电动汽车的电池包防护采用的是防浸型设计，防护等级能够达到IP68，是目前电气设备防水、防尘的最高级别。根据小鹏汽车官方发布的数据，小鹏G3电动汽车使用的电池包在1米水深环境下持续浸泡48小时不会渗水，完全可以应对暴雨引发的城市内涝。具体来看，小鹏G3电动汽车电池包采取了三大防护措施，如表5-9所示。

表 5-9　小鹏 G3 电动汽车电池包的防护措施

序号	具体措施
1	电池包层面配备了完善的监控与控制系统，内置高温防火隔层，使用高强度的箱体，并配备机械式防爆阀，以达到隔绝空气、平衡压力的效果
2	模组层面使用具备安全缓冲功能的母排电连接和高热阻隔热材料，并设计了安全排气通道
3	电芯层面使用隔离膜涂层、保险丝和泄压阀

也就是说，小鹏G3电池系统使用了三级防护。如果异常电流较小，继电器进行带载切断主回路；如果异常电流较大，高压回路的保险丝就会熔断，切断主回路，防止继电器及其他高压部件受到不良影响；如果继电器出现粘连，同时保险丝发生故障，电芯内部的保险丝就会熔断，保证电池系统的安全。

一般情况下，电池组有一个电芯短路就会引发连锁反应，小鹏G3电池组的三级防护设计可以更好地保证电池安全，防止电池自燃。此外，为了保证电池组的这些安全措施能够发挥实际作用，小鹏G3新车上市前就对电池包、电池管理系统、模组、电芯进行了超过100项设计测试，包括震动测试、跌落测试、挤压测试、机械冲击测试、模拟碰撞测试、外部火烧、海水浸泡等。

◆全系标配电池PTC加热电池

PTC加热又称为极低温电池加热装置。小鹏G3引入PTC来应对低温高寒环境。系统检测到车辆上电之后，PTC会先对电池加热，然后才会允许车辆充放电。在PTC的帮助下，小鹏G3可以适应-30℃的极限工作温度，并在极短的时间内将电池温度提升到0℃，不仅提高了车辆在寒冷环境中的续航性能，而且缩短了车辆的充电时间，30%~80%的快充时间至少可以节约10分钟。

PTC加热先加热防冻液，防冻液通过液冷系统将热量传递给电芯。相较于直接在电池模组外加热来说，PTC加热效率更高，电池组受热更加均匀。目前，市面上很多汽车都没有配备PTC加热，有些品牌的部分车型支持选装，小鹏G3则将PTC作为标配，很好地满足了低温高寒地区的用户需求，为品牌进军这些地区的市场提供了强有力的支持。

◆关于电池回收

在“双碳”背景下，电动车的动力电池回收是一个亟须解决的问题。如果因为动力电池随意丢弃造成严重的环境污染，那么政府和企业投入大量人力、物力推广新能源汽车的意义何在？为了规范动力电池回收，我国工信部发布了《新能源汽车动力蓄电池回收利用管理暂行办法》和《新能源汽车动力蓄电池回收利用溯源管理暂行规定》，要求汽车生产企业承担起回收动力蓄电池的责任。

为了做好动力电池回收工作，小鹏汽车组建了电池回收及溯源信息专项小组，并围绕电池回收流程及溯源信息收集制定了管理制度与标准，针对废旧动力电池的分类、贮存、回收、运输、处理等事宜形成了一系列管理办法。同时，小鹏汽车还与国内取得了电动车动力电池回收资质的企业深度合作，按照先梯次利用后进行再生利用的原则，全面拓展废旧动力电池的利用途径。例如，小鹏汽车会对废旧的动力电池进行分拆，将性能较好的电池模组应用于通信基站或其他储能设施，再次被淘汰的电池进行拆解回收。为了做好电池回收，小鹏汽车在各城市的售后服务中心设置了电池回收网点，为用户参与废旧电池回收提供了方便。

5.4.3 案例3：比亚迪秦Pro EV500

比亚迪秦Pro EV500上市于2018年，被誉为专业级纯电中级轿车的标杆，60公里/小时等速续航里程能够达到500公里，可以和正常车况下的中级燃油车相媲美，在一定程度上说明纯电动汽车具备了挑战燃油车的基本能力。那么，比亚迪秦Pro EV500是如何做到这一点的呢？我们从电池模组、电池管理系统、组装工艺三个方面对这个问题进行分析。

◆电池模组

秦Pro EV500使用的是比亚迪自主研发的镍钴锰三元锂电池，对传统的钴酸锂进行改进，将镍钴锰作为电池正极材料，对镍钴锰的比例做了合理分配，不仅降低了电池成本，提高了电池的安全性能，而且增加了电池容量，提高了电池的热稳定性，拓宽了充放电压的渠道，使电池的能量密度达到160.9瓦时/千克，结合56.4千瓦时的容量，最终实现了60公里/小时等速续航里程500公里，新欧洲驾驶周期（New European Driving Cycle，NEDC）续航里程420公里，在一定程度上解决了纯电动汽车一直以来被诟病的续航里程短的问题。

因为使用的电池组的能量密度比较高，所以秦Pro EV500装载的电池数量比较少，车辆自重比较小。另外，为了减轻电池的重量，提高电池的散热性能，秦Pro EV500的电池模组采用两侧铝制短板加弹性钢带捆扎的方式，可以自动适应电池在充放电过程中的膨胀。同时，不同规格的模组可以灵活布局，满足不同车型的需要。为了增加车内的高度空间，电池模组尽量布置在车体的中间位置，并以单层的形式布局。

除此之外，设计人员还非常关注一些细节，如使用铝巴连接主回路，采集信号。据研究，在导电能力相同的情况下，相较于使用铜材质来说，使用铝巴的电池重量可以降低一半以上，电池成本也能大幅下降。

◆电池管理系统

为了给电池提供一个合适的温度环境，比亚迪秦Pro EV500配备了一套独立的电池智能温控管理系统，使用液体介质在寒冷的环境中为电池升温，在高温环境中为电池降温，保证电池能够自主应对复杂的温度环境，稳定地输出能量驱动车辆行驶。

在降温方面，电池内置散热回路，通过板式换热器与空调回路相连，电池进水出水的位置以及电池极耳处都安装了温度传感器，根据电池温度对空调压缩机的功率进行实时调控，通过这种方式控制电池进水的温度及流量，保证电池始终处在适宜的温度范围内。

在升温方面，比亚迪在电池的散热回路中串联了PTC水加热器，通过对水加热器的功率进行调节来控制进水的温度和流量，让电池在寒冷的冬季也能处在适宜的温度，保证充电速度与放电的动力性。

另外，比亚迪的电池管理系统可以对电池的运行状态进行实时监测，在电池出现低温、高温、过充、过放情况时及时采取处置措施，例如，当电池温度过高或过低时会限制电池充放电的效率，当电池温度严重过低或者过高时会禁止充放电，通过这种方式保证电池安全，延长电池的使用寿命。

◆组装工艺

电池包在总装时对工艺要求非常严苛，水冷管、接插件、高压电气的所有连接点，以及所有用来固定结构的点，都要有2~3道确认。一般情况下，接插件只要安装一个锁扣即可，锁紧后就会有锁止声音作为提示。比亚迪为接插件增加了一个副锁扣，将一级锁扣接插到位后才能将副锁扣闭合，为接插件添加了两重保障。

在高压电器连接方面，为了保证主回路连接的可靠性，比亚迪使用耐高温的聚酰亚胺压封的铜排进行主回路的长距离连接，并且设计了很多立体的弯折，在电池受热膨胀时这些弯折可以在一定程度上抵消主回路长度的变化，防止连接的螺钉承受过多载荷。另外，电池包内的大部分管线使用尼龙网状编制管套，尤其是用于连接电池包壳体与内部器件的管线。尼龙网状编制管套不仅可以保护线束，减少线束磨损，还能起到降噪效果。

总而言之，为了降低电池包的重量，提高电池包的性能，比亚迪秦Pro EV500确实做了很多工作，包括改良电芯配比，设计更合理的电池管理系统，采用主动热管理技术提高电池的能量密度，增加车辆的续航里程；为了保证电池安全，研究人员更是事无巨细，这些都有力地证明了比亚迪在动力电池研发领域的技术实力。

5.4.4 案例4：荣威R ER6

荣威R ER6是荣威推出的第一款悬挂R标的量产车型，上市于2020年，是荣威集智设计理念的代表作。作为R品牌ER系列旗下的首款旗舰轿车，ER6的续航里程达到了620公里，充电15分钟可以续航200公里，百公里耗电量低至12.2千瓦时。在售价20万元以内的轿车中，荣威R ER6是唯一一款续航里程可以达到620公里的纯电动轿车。那么，荣威R ER6是如何做到超长续航的呢？

◆高度集成化的电驱系统——结构紧凑、可靠性强

电动机的工作原理是电机在定子上的绕组里通过电流形成磁场来驱动车辆行驶，为了减少绕组在大电流通过时的能量损失，工程师选用了Hair-pin扁线绕组，并设计了8层Hair-pin绕组电机，极大地提高了电机的效率、功率密度以及扭矩密度。

目前广泛使用的永磁同步电机的效率最高能达到96%，已经接近物理极限，而8层Hair-pin绕组电机的效率最高能达到97%。另外，相较于4层Hair-pin绕组电机来说，8层Hair-pin绕组电机效率≥90%的区间提高了5%，达到了88%；工作能耗下降了11.5%，低至12.2千瓦时/百公里，切实增加了车辆的续航里程。

在电机转速方面，永磁同步电机的最高转速为12000~13000转/分钟，8层Hair-pin绕组电机的最高转速能够达到15000转/分钟，让搭载了这款电机的ER6在高速行驶的过程中依然能保持加速能力。根据官方公布的数据，荣威R ER6新车从0加速到100公里/小时只需要7.8秒，极限速度可以达到185公里/小时。

上汽的工程师不仅改进了电机绕组，还改进了电驱系统的结构。ER6电驱系统采用同轴布局结构将输出轴、半轴、电机轴布置在同一个轴线上，缩短了车辆

的长度以及高度，拓展了车内空间，让驾驶员及乘客感觉更宽敞。

◆大模组电池方案——安全与密度兼顾

荣威R ER6的电池包设计借鉴了目前比较流行的设计理念，减少电池模组以及结构件。除此之外，设计团队还进行了一系列创新。

在电芯方面，荣威R ER6使用了更成熟、更稳定的NCM523电芯，镍、钴、锰的比例为5∶2∶3，因为钴、锰的比例比较高，所以电芯的稳定性更高，也更加安全。此外，设计团队对电芯成组方式进行创新，先将标准模组打散，再将其集成定制为大模组。

大模组的设计思路带来了三大好处：第一，为电芯的安装布置、电气的连接提供了广阔的操作空间；第二，使电池零件数量减少了22%，让整个电池重量更小，为电池预留出足够的重量空间；第三，使电池包的能量密度提高了34%，达到了72.7千瓦时，比同尺寸其他电池包的54.3千瓦时增加了近20千瓦时的电量。

此外，ER6电池包还采用一体式铸铝托盘，将冷却板与框架整合在一起，将电池冷却与电池升温功能集成在一起，不仅有效地保障了PACK框架的强度，而且使电池包的集成效率得以大幅提升，使系统能量密度达到了180瓦时/千克。相较于上一代产品来说，ER6电池包的能量密度提高了15%。

◆热失控管理系统——疏堵结合，降低热失控风险

研发团队不仅在电驱系统和电池系统方面投入了大量时间与精力，也在电池组热失控管理系统的研发方面投入了大量资源。为保障电池包的安全，研发团队为ER6电池包设计了防火罩和排气通道，还利用电池管理系统与热失控报警机制对电池温度进行实时调控，延缓电池包的升温过程，有效降低了电池包发生热失控风险的可能性。

ER6电池包的顶部防火罩由两种材料叠加而成，一层是轻薄的玻纤材料，一层是以硅胶为主的复合材料，可以在一定时间内防止密封面周边温度过高。如果

因为温度过高出现烟气，可以通过电池包内部的烟气通道以及箱体上设置的防爆阀将烟气排出，在更长的时间内保证乘客舱的安全，为救援或者乘客逃生争取更多时间。

排气通道采用的是疏堵结合的设计方式。ER6电池包箱体上的平衡阀只支持气体通过，可以将水阻隔在外。此外，研发人员还在电池包上安装了4个单向弹簧防爆阀，可以将大量气体排出，平衡阀与单向弹簧防爆阀共同构成了疏堵结合的排气通道。

为了降低电池包发生热失控的概率，研发人员更换了电池模组下方的导热材料，结合电池管理系统和热失控报警机制降低热蔓延的速度。

荣威R ER6可以说是上汽集团技术创新的集大成者，体现了上汽集团深厚的技术积累，证明了上汽集团在新能源汽车研发领域的综合实力。

第6章

充电设施：新能源汽车的“供血管”

6.1 数字基建：我国充换电设施建设路径

6.1.1 充换电设施建设的现状及挑战

在国家各项政策以及市场的双向驱动下，我国的新能源汽车产业进入了蓬勃发展阶段。而充换电设施作为新能源汽车运行的配套基础设施，也成为了一个具有良好发展前景的新兴产业。充换电基础设施产业想要实现高质量、可持续发展，首先应当完善充换电基础设施的标准体系，并加速充换电相关技术的创新。

◆充换电基础设施产业快速发展

就全球充换电基础设施产业的布局来看，我国目前已经建成规模最大的充换电设施服务网络，充换电基础设施产业进入快速发展阶段。

（1）基本建成相对完善的充换电基础设施体系

从使用规划的角度来看，充换电基础设施主要包括四类，如表6-1所示。

表 6–1　充换电基础设施的四种类型

类型	定义
公用充电设施	能够为社会范围内各类电动车辆提供充电服务的充电设施
共用充电设施	为某区域（如小区、办公楼等）内的用户提供车辆充电服务的充电设施
专用公共充电设施	为某组织内的用户提供车辆充电服务的充电设施
自用充电设施	个人在自有产权车位上加装的充电设施

目前，我国已经基本建成了包括表6–1中四类充换电基础设施的体系，能够为用户提供高质量的充换电服务。

（2）基本建成了相对完善的市场体系

充换电基础设施产业作为一个新兴产业，其盈利模式仍有待进一步探索。目前，我国充换电基础设施市场的参与者主要包括运营商、车企和第三方平台。在不同参与者的共同努力下，我国的充换电基础设施产业已经形成了相对完备的配套体系和标准体系。未来，随着新能源汽车技术不断发展以及用户规模进一步扩大，充换电基础设施将变得日益丰富。

（3）基本形成了与互联网相融合的产业生态体系

大数据、云计算、5G等互联网技术不仅为产业发展提供了强有力的推动作用，也与我国的充换电基础设施产业相融合。在各企业联盟形式的行业数据共享平台以及从国家到地方的多级行业监管平台的推动下，充换电基础设施产业已经基本形成了与互联网相融合的产业生态。

（4）科技和商业创新取得突破进展

充换电基础设施作为新能源汽车运行的必要辅助设施，其产业发展势必与新能源汽车产业一样需要科技和商业的创新作为推动力。目前，我国充换电基础设施领域已经开启了自动充电、车网互动、无感支付、即插即充等创新模式，使得用户的使用体验不断被优化。

◆充换电基础设施产业发展面临挑战

2021年6月11日，由国家能源局、工业和信息化部指导，中国电动汽车充电基础设施促进联盟编制的《2020—2021年度中国充电基础设施发展报告》（以下简称《报告》）发布。《报告》显示：“十三五”期间，我国充换电基础设施网络覆盖全国主要省市（超过450个城市），覆盖率超过90%。

可以说，在几年的时间内我国的充换电基础设施产业取得了不错的发展成果。但作为一个新兴产业，充换电基础设施产业的发展也面临着一系列挑战。

（1）充电技术有待提升

充换电基础设施要带给用户良好的使用体验，首先应该尽可能提高设施的技术水平。我国充换电基础设施技术方面存在的不足主要体现在两个方面，如表6-2所示。

表6-2　我国充换电基础设施技术的两大缺陷

缺陷	具体表现
所需的充电时间比较长	虽然目前很多充换电基础设施已经采用直流快充技术，确保车辆在半小时左右就能够充满80%的电量，但仍然无法满足用户在充电效率方面的需求
充电过程可能存在一定的安全风险	新能源汽车在充电过程中可能因为电池快速发热导致起火、爆炸等事故发生

（2）商业模式不可持续

在目前我国的充换电基础设施市场上，运营商的收入来源主要是充电服务费。但由于充换电基础设施的投资建设和运营维护需要巨大的资金支持，而且业务的开展需要整车厂商等主体的配合，所以盈利十分困难，商业模式具有一定的不可持续性。

（3）推广过程障碍重重

充换电基础设施在推广的过程中面临多方面的阻碍，具体包括以下几点，如

表6-3所示。

表 6-3　充换电基础设施在推广过程中的阻碍

阻碍	具体内容
土地划拨难度大	充换电基础设施建设对于选址以及规模等都有特殊要求，但目前大部分城市的公共场地基本已经规划完毕，重新划拨充换电站点建设用地难度较大
电力容量限制	充换电基础设施的用电流量大，但住宅区、商业区等区域的扩容难度大、成本高
不同厂商充电设备的质量参差不齐	充换电基础设施中的充电设备作为提供服务的主体，应该具有过硬的质量，但不同厂家生产的充电设备的质量往往良莠不齐，设备维护缺乏规范

除表6-3中提到的几点外，支付问题、燃油车占位等问题也有可能影响充换电基础设施的进一步推广。

6.1.2　充电桩与充电站的建设成就

2015年10月，国务院办公厅印发《关于加快电动汽车充电基础设施建设的指导意见》，部署加快推进电动汽车充电基础设施建设工作。此后，我国的充电基础设施产业便展现出了强大的发展活力，成为新能源汽车产业发展的重要保障。

根据中国电动汽车充电基础设施促进联盟提供的统计数据：截至2020年12月，全国充电基础设施累计数量为168.1万台，同比增加37.9%；而到2021年6月，全国充电基础设施累计数量已经增长到了194.7万台。

◆公共充电桩建设

（1）保有量情况

根据中国电动汽车充电基础设施促进联盟发布的数据，截至2020年12月，成员单位总计上报公共类充电桩80.7万个；截至2021年12月，联盟内成员单位总计上报公共类充电桩114.7万个。

除公共类充电桩数量的增长外，据中国电动汽车充电基础设施促进联盟统计分析，我国公共充电基础设施的分布区域比较集中。公共充电基础设施建设数量最多的前十个地区依次为广东、上海、江苏、北京、浙江、山东、湖北、安徽、河南、福建，而且这些地区公共充电基础设施的数量已经达到了全国的71.7%。公共充电基础设施建设之所以具有明显的区域特点，主要是因为经济更发达的东部沿海以及南方部分地区为新能源汽车的推广提供了得天独厚的条件，更有利于充换电基础设施产业发展。

（2）公共交流桩与直流桩建设

截至2020年12月，在联盟内成员单位上报的80.7万个公共类充电桩中，交流充电桩49.8万个、直流充电桩30.9万个、交直流一体充电桩481个。具体到各个地区，不同类别充电桩的分布则有所不同。虽然相较于交流充电桩来说，直流充电桩的充电功率大、充电速度快，但公共直流桩的铺设成本也远高于公共交流桩的铺设成本。

（3）小区内与小区外公共充电桩建设

建设在小区内的公共充电桩主要包括三种类型：运营商建设在小区公共区域的公共充电桩、地产商建设在小区内部的公共充电桩、用户个人的私桩共享。根据中国电动汽车充电基础设施促进联盟的统计，北京市、上海市以及广东省三地的小区内公共充电桩数量明显更多，造成这种现象的主要原因是这三地经济发展水平较高，再加上政府配套政策的推动，使得新能源汽车的使用者较多。

与小区内公共充电桩以交流桩为主不同，建设在小区外的公共充电桩，直流桩与交流桩的占比接近。

◆充电站建设

根据充电方式的不同，新能源汽车充电桩可以分为交流充电桩和直流充电桩。其中，交流充电桩由于充电速度相对较慢也被称为“慢充”，其体积小、结构简单、建设成本比较低，主要安装在居民小区、商场以及公共停车场等场所。

直流充电桩能够直接为汽车的动力电池充电，所以充电效率更高，也被称为“快充”，但是建设成本更高，而且这种充电方式对电池寿命影响较大，主要安装在专门的充电站。

根据中国电动汽车基础设施促进联盟提供的统计数据，截至2020年12 月底，我国充电站的数量为6.36万座，居世界首位。

6.1.3 新能源汽车的充电模式

新能源汽车的正常运行必须以完善的充电配套设施为基础。由于目前电动汽车动力电池技术、规格等方面存在差别，国际标准IEC 61851–1中（IEC＝国际电工委员会）规定了不同的充电模式（见表6–4），其各自对应的额定电压电流、与车辆的通信情况以及充电插头的连接方式等均有所不同。

表 6–4 新能源汽车的充电模式

充电类型	充电模式	额定电压电流	与车辆通信	充电插头连接
交流充电	充电模式1	220V AC/16A	无	插座
	充电模式2	220V AC/8~16A	通过充电电缆内的模块	插座
	充电模式3	220V AC/16~63A	通过充电站内的模块	交流充电桩
直流充电	充电模式4	380V AC/30~300A	通过充电站内的模块	非车载充电机（柜）

◆交流充电

交流充电可以分为三种充电模式：

（1）充电模式一

充电模式一通过一条含有普通家用插座插头、保护开关以及电动汽车充电插头的电缆，一端接入普通家用插座，一端与电动汽车上的充电接口相连。由于家用充电插座不包含控制导线和接近导线，无法与车辆通信，在充电过程中无法实时监测电流强度是否处于安全范围，因此，充电模式一基本不为厂家所采用。

（2）充电模式二

充电模式二取消了保护开关，增加了一个集成式电缆箱，充电电缆一端通过充电插头与电动汽车的充电接口相连，一端穿过集成式电缆箱，通过普通家用插座的插头与普通家用插座相连。在这种充电模式中，充电设备通过充电电缆内的模块与车辆进行通信，确保了整个充电过程的安全性，使得车辆与车载充电器能够实时交互充电参数。在充电过程中，可以使用车辆配备的便携式移动充电包进行充电，充电电源既可以选择专用的充电桩也可以选择家用电源，充电电流一般为8~16A。在这种充电模式下，车辆需要的充电时间为5~8小时。

需要注意的是，由于可以使用普通家用插座将集成式电缆箱连接到交流电压网络上，而家用插座的10安与16安插头并不通用，所以充电模式二需要使用的普通家用插座为空调或热水器的插座，且电源线的插头上应该标明为10安或16安。

由于充电模式二适用的条件较为宽泛，所以可以选择的充电场所也比较广泛。不过，由于需要的充电时间较长，所以用户可以选择晚上充电。

（3）充电模式三

充电模式三将普通家用插座替换为充电机或者充电桩，车辆通过充电插头与充电桩连接，满足充电需要。纯电动或插电式混合动力汽车最常采用的充电模式就是这种充电模式。与充电模式二不同的是，这种充电模式通过充电桩内的模块与车辆进行通信。

◆直流充电

直流充电明显区别于交流充电，充电效率更高、速度更快，能够在比较短的时间内满足车辆快速充电需要。但从本质上看，直流充电是一种应急充电模式，不能用于车辆的日常充电。由于快速充电需要的电压为200~750V、电流为150~400A，充电功率超过50千瓦，所以快速充电一般为直流充电。就目前已经推出的新能源汽车车型来看，直流充电模式并不适用于所有车型，只支持荣威E50、北汽新能源E 150/200、比亚迪E6，以及特斯拉等部分车型。

直流充电模式的劣势主要体现在两个方面：第一，充电设备的安装和运维成本高，对运营商的资质要求高；第二，直流充电快速充电的方式会使得车辆的电池在短时间内受到比较大的冲击，容易导致电池快速发热和活性物质脱落，因此对车辆电池的散热要求高。

6.1.4 完善充换电基础设施的对策

随着国家"碳达峰""碳中和"等目标的提出，新能源汽车以及相关产业的发展也迎来了难得的机遇。充换电基础设施产业作为与新能源汽车密切相关的产业，自然吸引了越来越多的关注。要完善充换电基础设施，我国应该从加强顶层设计、加强充换电设施基础保障、推动充换电设施建设以及完善管理和监管四个层面入手。

◆加强顶层设计

作为新能源汽车运行的辅助设施，充换电基础设施建设不仅技术要求高、资金需求大，而且需要依据统一的标准和规范。因此，应该将充换电基础设施建设纳入国民经济整体发展规划，在具体实践过程中依据各个地区的情况进行详细规划与统筹管理。此外，在顶层设计方面，国家应出台相应的扶持政策，推动我国充换电基础设施产业实现良性可持续发展。

◆加强充换电设施基础保障

充换电基础设施建设和运营需要多方面的支持，其中电力供应保障和建设用地保障最为关键。

（1）电力供应保障

充换电基础设施的用电量比较大，建设在小区以及商场等人流量密集场所时可能会面临电量增容问题，为此应该尽可能增加充换电基础设施电力供应方面的保障，具体措施如表6–5所示。

表6–5　增加充换电基础设施电力供应保障的五大措施

序号	具体措施
1	将具有充电需求的新能源汽车的用电纳入国家电力供应保障体系
2	对于需要建设充换电设施的场所（如景区、公共停车场、小区等），由电力供应系统负责增容并铺设电缆
3	由政府相关部门设立专项扶持资金，将充换电基础设施建设部分或全部纳入政府投资范畴
4	支持运营商建设充换电设备、储能系统、光伏设施等电力供应设施，尽可能节约电力资源
5	在流程方面，制定快速简易的建设流程和科学统一的运营规范，为充换电基础设施接入电网提供绿色通道

（2）建设用地保障

随着新能源汽车用户不断增加，充换电需求也日益强烈。因此，公共充换电基础设施用地有必要纳入城市空间发展规划。不同地区的政府部门可以根据该地区新能源汽车的使用情况，对居民充换电需求进行分析，从而有针对性地制定该地区充换电基础设施中长期发展规划，并将公共充换电设施建设用地纳入公共管理与公共服务设施用地（A类）管理范畴，从建设用地层面对充换电基础设施的推广提供保障。

◆推动充换电设施建设

（1）居民区充电设施建设

居民区是充换电基础设施建设的重点场所。不同的居民区应该根据具体情况制定不同的充电设施建设方案。例如，处于规划阶段或建设阶段的小区可以在停车场中预埋电缆，将充电设施项目纳入建设项目验收必要条件；已经建成的新小区可以按照新能源汽车用户的比例配建充电桩，且物业不能阻碍建设施工；增容困难的小区可以鼓励物业与运营商合作，在小区公共用地或小区外规划充换电基础设施建设用地。

（2）停车场配建充电桩

从理论上来讲，所有停车场都应该满足新能源汽车的充电需求。因此，应该为机场、医院、商场等不同场所的公共停车场提供配套的充电桩，并根据具体需求将建设指标完成率纳入当地政府业绩考核。

（3）推动保障类充电设施建设

景区停车场以及高速公路服务站应该按比例推进充电桩配套设施建设，并根据需求将建设指标完成率纳入相关管理部门的业绩考核。使用新能源洒水车、市政服务类垃圾车以及公交车等车辆的单位也应该按照需求配建充电设施，并在必要的情况下将配建情况纳入相关管理部门的业绩考核。

（4）鼓励创新

随着汽车向数字化、清洁化、网联化、智能化的方向不断发展，应该进一步开发和推广应用桩联自动驾驶技术、有序充电技术、光储充一体微网技术以及安全高效的充换电技术，鼓励技术和模式创新。

◆完善管理和监管

（1）统筹管理

国家应该对充换电基础设施产业进行统一管理，并从建设施工、消防、用电、用地等方面制定完善的标准规范。地方政府应该主动承担在充换电设施建设管理过程中的主要责任，针对充换电基础设施用地、用电以及管理等环节提供一站式的便捷服务。

（2）加强监管

为了维护充换电基础设施产业的运营秩序，保障产业健康可持续发展，地方政府应该加强对充换电基础设施领域的监管，对不规范建设施工及违规用电等行为加大查处力度，并督促运营商确保充电设施的正常运转和消防安全。

此外，对于已经建成的充换电基础设施，国家和政府也应该加强管控，对非正常运行的充电桩、“僵尸桩”等进行定期排查，并督促运营商限期整改，对不服从监管的运营商按照相关规定进行处罚。

（3）提升充电设施品质及运维保障能力

为了推动充换电基础设施产业健康发展，我国成立了中国电动汽车充电基础设施促进联盟。联盟应该充分发挥对行业的约束作用，根据我国充换电基础设施行业标准设定相应的准入门槛，并完善自我认证体系，不准销售和使用没有经过检测的产品，提升品质保障能力，增强运营商的风险防范意识，利用人工智能、物联网、大数据等技术对充换电基础设施的运行情况进行动态监测。

6.2 技术应用：汽车充电系统的关键技术

6.2.1 充电系统的结构

由于纯电动汽车和插电式混合动力汽车需要全部或部分借助电能行驶，因此，对于这些类型的汽车来说，高电压蓄电池充电系统就是一种核心子系统。在汽车需要充电时，高电压蓄电池充电系统可以将电网的电能转化为车载高电压蓄电池的电能；当高电压蓄电池充满后就可以自动停止充电。从充电系统的结构来看，高电压蓄电池充电系统主要包括充电器、充电设备以及车载充电接口三部分。

◆充电器

充电器的主要功能是将来自电网的交直流电能转化为车载高电压蓄电池所需的直流电能。由于汽车的供能方式千差万别，所以纯电动汽车与插电式混合动力汽车的充电器也有所不同。纯电动汽车的充电器安装在汽车内部，是车载充电器；插电式混合动力汽车的充电器安装在充电桩内，是非车载充电器。

车载充电器基于安装在车辆之上的AC/DC整流器，借助车载电源或地面交流电网对高电压蓄电池组进行充电。在充电过程中，车载充电器一方面与交流电网建立连接，满足车辆充电的需要；另一方面通过控制导线与车辆建立通信，实时获取车辆与车载充电器之间的充电参数，确保充电安全。

◆充电设备

充电设备的主要功能是为纯电动汽车或插电式混合动力汽车进行户外充电，常见于广场、停车场等车辆通常停靠的场所。充电设备借助标准非接触式智能卡控制整个充电过程，为纯电动汽车或插电式混合动力汽车提供单相或三相交流电源的同时，还具有防雷、过温、过流、欠压、过压等额外的系统保护功能。纯电动汽车或插电式混合动力汽车通常使用的充电设备主要包括移动充电包和固定充电桩两种类型。

（1）移动充电包

移动充电包的体积和重量比较小，使用起来比较方便，可以在任何能够提供普通电源插口的地方对车辆进行充电。在汽车运行过程中，移动充电包可以置于车辆发动机室盖下方的移动充电包盒内或者后备箱中。由于移动充电包可以通过普通的家用插座与交流电压网络相连，所以其能够通过的充电电流强度也是有限的。

就我国目前针对车辆推出的移动充电包来看，其能够通过的最大电流强度为16安、最大充电功率为3.7千瓦，属于车载慢充系统的一种。根据这一数字进行计算，一辆完全放电的纯电动汽车或插电式混合动力汽车重新充满电需要的时间大约为7小时。而且在实际充电过程中，出于保护车辆电池的目的，应该缩短最大充电功率的使用时间，因此实际充电时间往往更长。

此外，在使用普通家用插座对车辆充电的过程中，还应该考虑线路以及插座的承受能力，避免出现线路烧熔、插座烧毁等意外。

（2）固定充电桩

固定充电桩就是能够为纯电动或插电式混合动力汽车提供充电服务，并且以固定方式安装的充电设备。根据充电方式的不同，固定充电桩可以分为交流电充电桩和直流电充电桩。

交流电充电桩的工作原理是一边与车辆的充电接口相连，另一边与交流电压网络相连，从而实现充电目的。在不同的国家和地区，交流电充电桩与交流电压网络连接的方式也不同，如美国通过二相方式连接，德国通过三相方式连接。不过交流电充电桩与汽车充电接口的连接方式比较统一，都是单相方式。在外观上，国内使用的交流电充电桩包括落地式和挂壁式两种。与移动充电包不同，固定充电桩配置的导线横截面决定了其充电过程能够以比较大的电流强度传输电量。根据监测，交流电充电桩的最大充电功率为7.4千瓦，最大电流强度为32安。

直流电充电桩与交流电充电桩存在本质区别，直流电充电桩在充电桩内将交流电压转化为直流电压，无须通过车载充电器进行电压的转换。这也就决定了直流电充电桩的充电效率远远高于交流电充电桩，为高电压蓄电池充电的速度更快。

◆车载充电接口

从充电速度的角度划分，纯电动汽车以及插电式混合动力汽车的充电分为快充和慢充。当采用快充模式时，为了保证更高的充电效率，需要通过特定的充电接口进行充电，这个过程类似于传统燃油车通过油箱加油。需要注意的是，快充模式要求车载充电接口能够承受短时间增大的电流，同时要防止车辆另外的充电接口受潮或被污染。

车载充电接口的位置可能因为生产厂家或车型的不同而存在差异，一般设置在车辆的前面或侧面。例如，国内具有代表性的新能源汽车品牌比亚迪推出的比亚迪E6电动汽车的车载充电接口就安装在左侧围外板上，既可以通过充电桩或家用220伏交流电充电，也可以采用直流充电桩充电。

6.2.2 传导充电技术

传导充电技术就是借助导线在车辆和充电设施之间建立连接，形成完整的导通回路以满足车辆充电需求的技术。目前，国内外主要电动车型所采用的充电方式基本上都是直流充电和交流充电。由于相关的技术比较成熟，所以应用也比较普遍。相对而言，传导充电技术的发展方向聚焦于大功率充电，以满足用户“快速充电”的需求。

◆直流充电技术

直流充电技术就是借助充电装置直接将电网中的交流电转化为直流电对车辆进行充电的技术。在直流充电桩充电的过程中，车辆与对应的充电桩建立连接后，车辆的识别通信协议会激活充电控制单元，继而开始正式为车辆充电。待电池充满后，车辆就会主动发出中断信号，结束充电过程。

直流充电技术最显著的优点就是充电效率高，目前大部分直流充电装置设置的充电功率是120 千瓦，一台电量耗尽的电动汽车在30分钟内就能够充入超过80%的电量，所以直流充电技术特别适用于车辆有快速充电需求的场景，特别是出租车、物流车以及公交车等。直流充电技术的缺点主要体现在两个方面：第一，过快的充电效率可能导致电流温度快速升高，对电池造成不可逆的损伤；第二，直流充电装置的成本比较高。

◆交流充电技术

由于电动车的动力电池只能接受直流电，因此当输入的电流为交流电时，必须经过车辆自带的充电机将交流电转换为直流电。在交流充电桩充电过程中，车辆与充电设施建立连接后，充电桩输出的电流经过车载充电机的整流、滤波等一系列处理后转换为直流电从而为车载电池充电。等电池充满后，电动车就会主动发出中断信号，结束充电。

与直流充电设施相比，交流充电设施的体积较小、安装比较容易，而且操作比较方便。不过，交流充电技术的工作原理决定了其充电速度相对较慢，一台电量耗尽的电动汽车充满电大约需要8小时。

◆大功率充电

为了解决电动汽车续航里程短的问题，车载电池的容量以及充电时间势必会有所增加，因此电动车的“快速充电”问题便不容忽视。在这种情况下，大功率充电技术应运而生。大功率充电指的是电流达到350安、电压达到1000伏、充电功率大于350千瓦的充电方式。

目前，以特来电、星星充电以及特斯拉等为代表的国内外运营商和车企都已经开始研发大功率充电技术。例如，保时捷 Mission E推出的快充系统的充电功率最高可达350 千瓦，充电4 分钟就能够支持车辆续航100 公里；北汽新能源搭载的快充技术，充电功率最高可达280 千瓦，充电10分钟就能够支持车辆续航300 公里。

根据相关研究，当电动车的充电功率达到350 千瓦，其充电过程如同燃油车加油。不过，大功率充电技术并非没有缺点，如同直流充电技术一样，快充会导致电池负极的电位急剧下降，有可能对电池寿命以及车辆安全造成不良影响。

6.2.3　无线充电技术

虽然目前大部分需要充电的产品采用的仍然是有线充电模式，但由于有线充电使用不够便利，无线充电技术拥有广阔的应用前景。以智能手机为例，目前很多厂商已经开发出支持无线充电的机型，不过与传统的充电方式相比，无线充电技术不仅不够成熟，而且充电功率低，电池容易发热。

目前，支持无线充电的技术主要有四种，即无线电波式、磁场共振式、电磁感应式、电场耦合式。但由于无线电波式和电场耦合式无线充电的传输功率低，所以电磁感应充电技术和磁场共振充电技术的使用范围更广。

◆电磁感应充电技术

电磁感应充电技术就是当电流通过线圈后，由线圈产生的磁场带来感应电动势而产生电流的充电技术。从电磁感应充电技术的工作原理可以看出，电磁感应充电技术虽然充电效率比较高，但由于传输距离短（0毫米到10厘米），所以摆放时需要将所有线圈一一对准。此外，金属感应除产生电动势外还会产生多余的热量。电磁感应充电技术的本质类似于空心变压器，原理并不复杂，相应的技术比较成熟，成本也比较低。但由于对摆放位置的要求比较严格，而且传输距离短，所以存在比较明显的缺陷。电磁感应充电技术除了可以应用于手机等领域外，也已经开始应用于电动汽车领域。

◆磁场共振充电技术

2008年，在MIT的一场实验中，实验的操作员隔空点亮了一个60瓦的电灯泡，使得磁场共振技术获得了人们的广泛关注。与电磁感应技术相比，磁场共振技术的明显优势体现在能够实现更大范围的能量传递，空间操作的自由度更高。磁场共振充电技术不仅能够支持多个设备同时充电，而且具有更高的可靠性。

磁场共振充电技术的工作原理如下：如果磁场的发送端与接收端的共振频率相同，就能够基于共振效应传输电能。磁场共振充电技术的优点是传输功率大、传输距离远，非常适合用于大功率远距离充电；缺点是传输距离远，在传输过程中会出现一定的损耗，且损耗量会随着传输功率和距离的增加而提升。此外，在使用磁场共振充电技术的过程中，为了提高充电效率，应该针对使用的频段尽可能避免外界干扰。

由于现有的技术水平有限，电磁感应充电技术和磁场共振充电技术的使用都具有一定的局限性，只能在固定范围内充电，使用不够便捷。

6.2.4　电池更换技术

电动汽车频繁充电可能会对电池造成不可逆的损伤，为了维护汽车安全，保障企业高效运行，就需要借助换电技术。

换电技术指的是借助集中性的充电站对大量车载电池进行集中存储、充电以及统一配送，并在电池配送过程中进行电池更换的技术。从理论上看，借助换电技术，电动汽车能够处于无间断运行状态。而且，由于汽车的电池能够循环使用，换电可以尽量减小对单个电池的损伤，有利于延长电池的使用寿命，降低车辆的使用成本，并提前发现和消除电池可能存在的安全隐患。但是，换电技术比充电技术更烦琐、复杂，换电站的建设成本也远高于普通充电桩。

2020年8月，全国汽车标准化技术委员会电动车辆分标委在深圳组织召开2020年标准审查会，由北汽新能源、蔚来、中汽中心等单位牵头起草的GB/T《电动汽车换电安全要求》推荐性国家标准通过了审查。GB/T《电动汽车换电安全要求》将研究对象划定为整车、换电系统、换电电池包、换电机构、换电接口等，对电动汽车运行过程中可能存在的风险以及对应的换电过程进行分析，对电动汽车的一般安全要求、整车安全要求及系统部件安全要求进行明确，并在此基础上推出了针对性的试验检测方案。

就我国新能源汽车领域的发展现状来看，以北汽新能源、蔚来汽车为代表的车企已经探索出了较为完善的换电模式。换电模式的优点主要体现在以下几个方面，如表6-6所示。

表 6–6 换电模式的优点

序号	优点
1	换电模式的推广可以将整车与电池分开，降低购车成本
2	换电所需的时间比充电时间更短，有利于改善用户的使用体验
3	由专业的电池运营商负责对电池进行集中检测和养护，不仅有利于延长电池的寿命，还能够增强电动车的安全性
4	电池充电更加灵活，可以利用峰谷优惠电价降低充电成本
5	用户可以基于车辆需要行驶的里程自由选择所需电量，减少能量浪费
6	有利于商业模式以及技术领域的创新，进一步丰富产业链

随着技术的进步以及商业模式逐渐清晰，探索换电模式的入局者越来越多。不过，由于电池标准尚未统一，目前该领域车企仍然是各自为战。在国家新基建浪潮的推进下，包括充电桩、充电站以及换电站等在内的充换电基础设施将不断发展，届时新能源汽车充电难的问题也将得到妥善解决。

6.3 新能源汽车充电桩的商业模式与路径

6.3.1 充电桩的类型与特点

对于新能源汽车来说，充电桩非常重要，直接决定了消费者的购买意愿。目前，世界各国都在大力推进充电桩建设。下面对充电桩的种类与特点进行具体介绍。

◆充电桩的种类

按照不同的分类标准，充电桩可以划分为不同的类型，如图 6–1 所示。

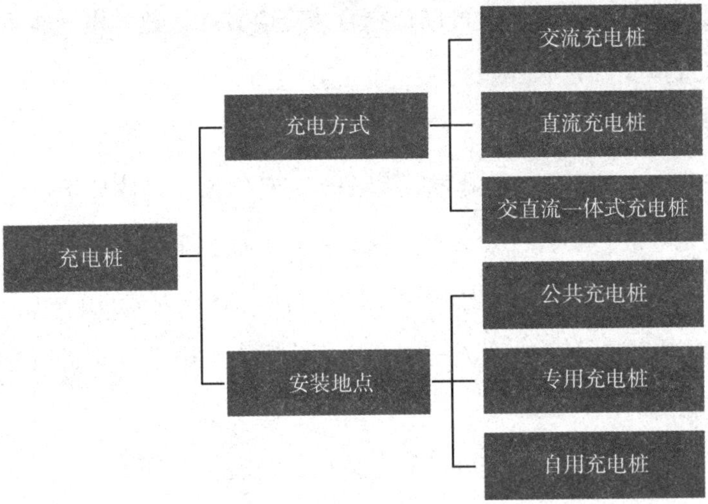

图 6–1　充电桩的分类

（1）按充电方式

★交流充电桩

交流充电桩就是所谓的“慢充”，安装在电动汽车外侧，直接与交流电网相连，为电动汽车车载充电机提供交流电源。交流充电桩只能输出电流，无法直接为电动汽车充电，需要车载充电机作为媒介转换电流。在这个过程中，交流充电桩的作用就是控制电源。

★直流充电桩

直流充电桩就是所谓的“快充”，和交流充电桩一样安装在电动汽车外，与交流电网连接，可以为非车载电动汽车的动力电池提供直流电源。直流充电桩可以输出直流电，而且电压、电流都可以调节，可以直接为电动汽车的电池快速充电。目前，直流充电桩主要安装在高速公路旁的充电站，满足长途行驶的电动汽车的充电需求。

★交直流一体式充电桩

快速充电桩设备使用的是交直流一体结构，支持直流充电与交流充电两种充电方式。白天充电业务繁忙，可以选择直流充电方式快速充电，夜间充电站用户较少，可以选择交流充电方式。

（2）按安装地点

按照安装地点的不同，充电桩可以分为三种类型，具体如下。

★公共充电桩，安装在公共停车场，主要为社会车辆提供充电服务。

★专用充电桩，安装在自有停车场，主要为单位内部人员的车辆提供充电服务。

★自用充电桩，安装在个人车库，主要为私人的电动汽车进行充电。

◆充电桩的特点

按充电方式分类的三类充电桩各有特点，如表6–7所示。

表6–7　三类充电桩的特点

类型	特点
交流充电桩	（1）交流充电桩的结构比较简单，桩体较小，输入端直接与电网连接，直接输出交流电，成本比较低，安装方便，适合在单位停车场以及小区停车场安装 （2）交流充电桩的功率比较小，充电时间比较长。一般情况下，想要为一台完全放电的电动汽车充满电，大概需要8小时 （3）防护功能。交流充电桩要达到IP54防护等级，即灰尘防护与泼水防护，配备防雨、防晒装置，给充电桩提供全面防护。充电桩外壳门安装防盗锁，只有打开外壳门才能对固定充电桩的螺栓进行安装或拆卸。如果采用铁质外壳，要采取双层防锈措施；如果采用非铁质外壳，要使用防氧化保护膜进行防氧化处理
直流充电桩	（1）相较于交流充电桩来说，直流充电桩的体形比较大，因为直流充电桩配备了一定数量的电源模块，电源模块的数量越多，功率越高，充电桩的体积就越大。因此，这类充电桩适合安装在公共区域 （2）直流充电桩可以监控电池状态，根据电池温度、电压等参数调整充电曲线、充电电流以及充电电压 （3）直流充电桩自带操作器，支持用户选择充电方式，还可以在充电过程中显示车辆电池的状态以及用户IC卡资费信息，实现无人管理自动充电 （4）直流充电桩可以对充电连接器、充电电缆的连接效果进行自动判定，只有连接正常才开始充电，如果连接不正常，就会停止充电，并发出警报 （5）直流充电桩适合为公交车充电，因为充电速度快，可以利用司机休息的10~15分钟为车辆补充电源。为了提高充电效率，公交车充电可以使用200~350千瓦的大功率直流充电桩

续表

类型	特点
交直流一体式充电桩	（1）交直流一体式充电桩支持直流充电与交流充电两种充电方式，支持人机交互操作 （2）交直流一体式充电桩可以和BMS进行实时通信，获得电池类型、单体电压、电池温度、剩余容量、电池告警等信息 （3）交直流一体式充电桩拥有一套完善的安全保护控制逻辑，可以对充电接口的连接状态进行判断、联锁、控制导引等 （4）交直流一体式充电桩配备了CAN2.0B、RS485通信接口，可以集中监控通信，将充电状态信息实时上传 （5）交直流一体式充电桩具备漏电、短路、过压、欠压、过流等保护功能，可以为充电桩的安全运行提供强有力的保障

6.3.2　国内外充电桩产业发展现状

◆全球充电桩产业发展现状

为了满足新能源汽车的发展需要，在国家政策的支持下，全球新能源汽车充电桩从2011年开始进入快速建设阶段。在新能源汽车充电桩领域，公共充电桩占比较大，目前数量排在前三位的依次是中国、欧盟和美国。2020年，中国的公共充电桩数量达到了80.7万个，欧盟为22.6万个。

据美国能源部可替代燃料数据中心统计，美国从2011年开始加速公共充电桩建设，2019年达到顶峰。截至2019年9月，美国公共充电桩的保有量为78301个，相较于2018年增加了17234个。近五年，美国充电桩的年均增加率超过了20%，呈现出快速发展的趋势。

欧盟的充电桩建设开始于2010年，到2020年达到了22.6万个。在这十年间，2019年新建的充电桩数量达到了顶峰，为49182个。具体来看，在欧洲各国中，荷兰、德国、法国和英国更加重视充电桩建设，这四个国家所建充电桩数量在欧盟充电桩总量中的占比超过了86%。

◆中国充电桩产业发展现状

（1）中国充电桩制造行业发展综述

在技术路线方面，我国公共充电桩建设以交流充电桩为主。2020年，我国公共充电桩数量达到了80.7万个，其中交流充电桩49.8万个，占比61.68%；直流充电桩30.9万个，占比38.27%；交直流一体充电桩481个，占比约0.05%。但在新建成的公共充电桩中，直流充电桩的占比有所提升。

在充电设备方面，充电设备制造商的前身多为传统电力设备制造企业，技术门槛较低，市场主体较多，导致市场格局比较分散，市场集中度不足40%。在设备制造领域，桩体及零部件厂商有特锐德、国电南瑞、科陆电子、普天新能源、易事特和奥特迅等，配电设备厂商有特变电工、威腾股份和施耐德电气等。

国内电动汽车发展对充电桩的需求无法在短时间内得到满足，充电设施将在很长一段时间内处在供不应求的状态。但随着补贴政策不断出台，国内充电桩市场有望再次迎来快速发展阶段。

（2）中国充电桩运营行业发展综述

在互联网企业、科技公司、初创公司以及各种社会资本的参与下，我国充电桩行业形成了复杂的格局，既有国有企业，也有民营企业，还有混合所有制企业，其中一大批优秀企业脱颖而出，包括特来电、星星充电、国家电网、云快充、依威能源、上汽安悦、中国普天、深圳车电网等。在我国现有的充电桩中，这八家企业运营的充电桩数量占比超过了90%。由此可见，我国的充电桩市场不仅参与者众多，而且市场集中度较高。

充电桩运营属于重资产行业，盈利门槛较高。据计算，只有当直流桩的利用率超过8%时才有可能盈利。这表明，企业不仅要在充电桩建设阶段投入巨资，并且要在运营前期面临较大的亏损压力。在这种情况下，我国想要推进充电桩建设，必须完善投资机制，为相关企业提供源源不断的资金支持。

6.3.3　新能源汽车充电桩产业链

充电桩产业链涉及的主体比较多，大致包括充电桩设备制造商、充电桩运营商、新能源汽车厂商等，具体分析如下。

- 充电桩设备制造商：主要负责生产充电模块、电机、芯片、接触器、断路器、外壳、插头插座等设备。
- 充电桩运营商：主要负责建设并运营充电桩，搭建充电桩运营管理平台，提供充电桩位置服务及预约支付功能，统筹上下游客户的需求，为客户提供完整的充电桩运营方案。
- 整车厂商：电动汽车是充电桩的主要应用领域。随着电动汽车市场不断壮大，充电桩市场将面临巨大的需求。如图6–2、图6–3所示。

图6–2　充电桩产业链分析

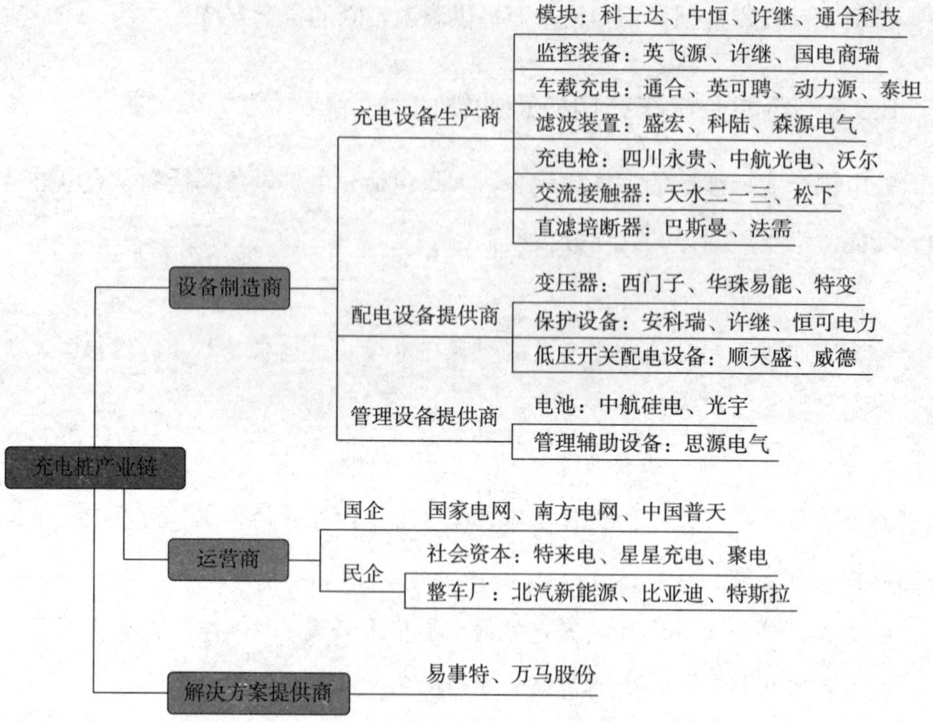

图 6–3　充电桩产业链涉及相关企业

（1）上游行业分析

在上游制造端，充电模块是核心设备。在充电设备的总成本中，有45%~55%的成本用于充电模块的生产与制造。提升充电模块效率可以提升充电桩企业的核心竞争力。提高充电模块效率的方法有很多，一是提高核心电子元器件的性能，二是对电源模块整体电路结构进行优化设计。总体来看，上游的技术门槛比较低，市场竞争激烈，导致企业利润率不高。企业最主要的业务就是为充电模块配备配电设备和滤波器等器件，组装成充电桩销售给下游客户。

（2）中游行业分析

充电桩产业链的中游是建设运营阶段，需要企业投入巨额资金，而且要面对选址、布线改造和运营管理等问题，是整个产业链的核心环节。目前，在充电桩产业链中，相关企业为了发挥协同效应，不断拓展自己的功能与服务，逐渐实现了设备生产、运营和方案的集成。例如，在充电桩产业链的上游，部分企业的功能相互重合，一些硬件制造商开始涉及建桩运营业务，如特锐德不仅从事充电桩的制造，还从事充电桩的建设与运营。

充电桩运营的市场空间由两大板块决定，一是充电站总充电时长，二是充电站的服务费水平。目前，公共充电站的服务对象主要是运营类新能源电动车、新能源公交车及专用车。假设电动出租车及网约车的平均服务费是0.95元/千瓦时，电动公交车及专用车平均服务费是0.77元/千瓦时，并且按照典型车型百公里电耗及日均行驶里程计算日均耗电量。预计随着新能源汽车的数量不断增长，充电桩的服务能力也将不断提升，到2026年，运营环节的市场空间可能突破1500亿元。也就是说，未来几年，充电桩运营市场发展空间较大，而且有望实现快速发展。

（3）下游行业分析

充电桩产业链的下游有两大市场，一是包括私人家庭、单位和租赁等在内的乘用车市场，二是包括公共交通、市政环卫以及物流等在内的商用车市场。电动汽车的类型不同，充电需求也不同，同时也倒逼充电运营商生成了不同的运营模式与战略。充电桩产业链下游用户的需求特点如表6–8所示。

表6–8　充电桩产业链下游用户需求特点

下游电动汽车类型	充电桩需求	需求特点
营运乘用车（网约、分时）	以公共快充为主，公共慢充为辅，网约营运车队公共快充需求大	目的性消费，刚需，对资源配置效率要求高
私家乘用车	公共慢充桩、公共快充桩、私人慢充桩	对充电便利性要求高
商用车、特种车辆	专属场站、专用设备/配套功能，对快充需求大	充电属价值链补充，毛利区间较低

在充电桩行业起步阶段，中游运营商聚焦2C业务，但因为充电桩建设需要投入的资金额度比较大，而且资金回收周期比较长，导致很多充电运营商开始转向2B市场，大力开发约车平台、公交/市政公司等B端客户。与此同时，B端客户也对充电运营效率与使用率以及充电桩的生产方向提出了更高的要求。

目前，在C端市场，只有国家电网、普天新能源等资金实力雄厚的企业在坚持，大部分民营企业转向了B端市场，采取了一条全新的发展战略，即先控制成本投入，保证资金顺利回流，再向2C市场进军，以免承受太大风险。

6.3.4 新能源汽车充电桩的商业模式

新能源汽车充电桩作为“新基建”的重要领域，已经吸引了越来越多的关注。目前，我国已经或即将投入建设的新能源汽车充电桩采用的商业模式主要有三种，分别是充电运营商主导模式、车企主导模式、第三方充电服务平台主导模式。

◆充电运营商主导模式

充电运营商主导模式就是由充电运营商负责对充电桩进行投资建设和运营维护，为用户提供新能源汽车充电服务，比较有代表性的是国网电动。

由于新能源汽车充电桩的投资建设和运营维护需要消耗大量的人力、物力和财力，所以采用该模式的运营商需要具备强大的技术实力和雄厚的资金支持。目前，随着充电运营商主导模式的场景布局和服务内容越来越市场化，行业内的竞争也日益激烈，能够生存下来的只有少数巨头。不过，该模式也有力地推动了我国新能源汽车充电桩基础设施的发展和完善。

充电运营商主导模式的盈利主要取决于两个因素，分别是单桩利用率和充电服务费。其中，充电服务费是用户使用充电桩时需要缴纳的费用，由于行业竞争十分激烈，用户对充电服务费的收费标准比较敏感，运营商很难通过提高服务费的方式扩大盈利空间，这也就使得运营商只能想方设法提高单桩利用率。从实践层面来看，运营商可以借助大数据、云计算等技术进行用户分析，有针对性地解决单桩利用率问题。

综合来看，充电运营商主导模式竞争激烈且盈利空间不大，需要参与者对该运营模式进一步探索和完善，如推出具有吸引力、贴合用户需求的增值服务等。

◆车企主导模式

车企主导模式就是由车企参与新能源汽车充电桩的投资建设和运营维护，并为用户提供新能源汽车充电服务的模式。车企布局充电服务的主要目的与电商平台布局物流服务遵循的是一样的逻辑，即通过打造生态链闭环为用户提供更优质的服务。目前的车企主导模式根据充电桩建设方的不同又可以分为自主建桩和合作建桩。

车企自主建桩模式就是由车企负责充电桩的建设和后期的运营维护。由于这种模式对资金的需求比较大，所以目前采用这种模式的企业并不多，具有代表性的企业有特斯拉和蔚来。在车企自主建桩模式中，进行充电桩运营的车企的收入来源主要包括两部分，一是充电服务费，二是电费差价。由于该模式针对的用户只是固定车主，所以充电桩的利用率相对较低，盈利难度较大。因此，只有当车企的资金实力雄厚且用户数量可观的情况下，才适合采取自主建桩模式。

而合作建桩模式是车企和充电运营商合作进行充电桩运营的模式。在这种模式中，运营商凭借自身优势进行充电桩建设和维护，车企则负责提供客户群体，从而形成双方共赢的局面。

◆第三方充电服务平台主导模式

第三方充电服务平台主导模式指的是第三方充电服务平台依托自身强大的资源整合能力，将不同运营商运营的充电桩整合到自己的平台，为用户提供服务的模式。与上述两种模式不同，第三方平台往往不直接参与充电桩的投资建设和运营维护，而是在大数据技术的支持下进行充电桩资源的分配和整合，从而提高充电桩的利用率。在第三方充电服务平台主导模式中，第三方平台一方面连接运营商，为运营商提供一系列服务；另一方面连接B端用户，使用户能够获得更便捷的一站式充电体验。这种一站式的后台模式不仅使充电桩运维成本大幅降低，还能够实现相对稳定的收益。

由于第三方充电服务平台主导模式的收益主要包括合作运营商分成服务费和部分增值服务费，因此第三方服务商和运营商在达成密切合作关系的同时也存在部分利益冲突。如果运营商退出合作，就会大大降低平台的服务质量和效率。所以，在采用第三方充电服务平台主导模式的过程中，第三方服务商和运营商要尽可能建立相互依存、互惠互利的合作关系。

除以上提到的三种主流的充电桩商业模式外，市面上也存在其他充电桩商业模式，如集各方之力的众筹建桩模式，将场地资源方、充电服务运营方以及投资方的资源进行有效整合。

随着新能源汽车行业的进一步发展，充电桩的商业模式会越来越完善，不仅能为车企完善售后服务、给平台带来流量、为用户提供便利、提升运营商的盈利水平，还能进一步推动“双碳”战略下的汽车工业革命。